通関士試験補習シリーズ

計算問題ドリル

2024

公益財団法人 日本関税協会

本書の正誤等について

　本書の内容の正誤等については、日本関税協会ホームページにてご案内しています。

本書の正誤表のご確認

　https://www.kanzei.or.jp/

　上記 URL にアクセスしていただき、画面上部の「出版物・資料」→「書籍の正誤・訂正」を選んで下さい。

正誤等のお問い合わせについて

　上記の正誤表に記載がない場合、照会は下記の方法にてお問い合わせ下さい。いずれの場合も、書籍名、お客様のご氏名、ご連絡先を明記して下さい。

　なお、内容確認のため回答に時間を要する場合もございますので、あらかじめご了承下さい。

　なお、本書の記載内容以外のお問い合わせ、学習指導に係るご質問及び質問内容が明記されていないものについてはお答えできませんので、あらかじめご了承下さい。

■ ホームページの質問フォームからのお問い合わせ

　（日本関税協会ホームページ）https://www.kanzei.or.jp/

　上記 URL にアクセスしていただき、画面最上部の「お問い合わせ」をクリックし、「3.教育セミナー、通関士養成事業、研究部会関係」の「メールでのお問い合わせフォーム」をご利用下さい。

■ 文書でのお問い合わせ

　（郵送先）

　〒101-0062　東京都千代田区神田駿河台 3-4-2 日専連朝日生命ビル 6F

　公益財団法人 日本関税協会　通関士養成事業事務局 宛

本書のご利用に当たって

実務問題を征する者が通関士試験を征す

　通関士試験の最難関は第3科目の通関実務といわれています。この科目の合格目標ラインは、45点満点中の27点（60％）です（≪過去5年の合格基準≫2019：60％、2020：60％、2021：60％、2022：60％、2023：60％）。

　第1科目（通関業法）、第2科目（関税法等）を難なく突破しながら、この科目で1～2点届かず、惜しくも不合格となり、多くの方が涙をのんでいます。第3科目（通関実務）は、「計算問題」「輸出入申告書の作成」「分類」「通関手続」「税法」「経済連携協定」に関する問題などであり、出題形式も多岐にわたっています。中でも計算問題は、解法パターンが決まっていますので、繰り返し練習すれば確実に点数が得られる出題形式で得点源であり、直接的には10点与えられています。27点をめぐる攻防の中での10点ですから大変貴重で重い意味があります。

計算問題の貢献は通関実務問題の20点にも及ぶ

　計算問題は、税額計算と課税価格計算の2分野で構成されています。近年の傾向では、税額計算は2問4点、課税価格計算は3問6点です。課税価格は、関税評価の知識を必要としますから、計算問題ができるということは、輸入申告書の申告価格を計算する際にも100％貢献します。輸入申告書の申告価格の解答は10点を占めますから、この計算問題を解くことができるということは、計算問題の10点にとどまらず、輸入申告書の申告価格の10点にも大きく貢献することになります。合わせて20点ですので、頑張って繰り返す意味は十分あります。

　本書は、過去約10年の本試験問題を徹底的に分析した上で、出題分野を整理し、さらに未出題等の問題も必要に応じ追加し、令和6年1月1日から改正、施行された加算税の見直しに係る内容等からも問題を作成し、それらを難易度順に「Level 1」から「Level 5」までの5段階に分けました。また、過去の本試験問題を踏まえた税額計算及び課税価格計算のポイントを掲載していますので、このポイントを理解した上で、ご自分のレベルに合わせ、順次問題を繰り返すことで、自然に本試験問題を解ける知識が身に付くように編集されています。

　昨今の「通関士試験」は、その合格率からも分かるとおり、難易度は引き続き高水準を保っています。補習シリーズの本ドリルが、難関突破の一助になれば、編者としてこれ以上の喜びはありません。

令和6年5月

公益財団法人　日本関税協会

本書の構成

■内容は次のとおりです。
　I　税額の計算
　◎　まず、関税及び附帯税の税率、端数処理等の規定や税額の計算のポイントを理解して下さい。次に、Level 1→Level 2と順次トライしましょう。全体像と要点知識が理解できてきます。
　◎　各レベルは、次の項目により構成しています。なお、従量税率を適用する品目については、酒税等従量税率による内国消費税が課されない品目を前提として問題を作成しています。また、過少申告加算税については、書面により備付け及び保存がされている関税関係帳簿に記載された事項に関して課されたものであること、重加算税については、書面により保存がされている関税関係書類に記載された事項に関して課されたものであることを前提に問題を作成しています。
　　1　税額計算
　　2　修正申告
　　3　更正（更正請求）
　　4　延滞税
　　5　加算税

Level 1	基礎レベル（その1）	27題
Level 2	基礎レベル（その2）	21題
Level 3	発展レベル	20題
Level 4	本試験レベル（標準問題中心）	14題
Level 5	本試験レベル（難解問題中心）	14題

　II　課税価格の計算
　◎　まず、課税価格の計算のポイントをよく読み理解した上で、Level 1から解いてください。要点知識の確認・習得・定着がスムースに行えます。

Level 1	要点知識の確認	6題
Level 2	要点知識の習得	7題
Level 3	要点知識の定着	12題
Level 4	本試験レベル（標準問題中心）	16題
Level 5	本試験レベル（難解問題中心）	8題

■解答のほか、必要に応じて、解説を加えています。

■平成29年1月1日の関税法改正の施行により、法定納期限が平成28年末以前に到来する輸入申告に係る加算税の計算については、改正前の条項が適用されますので、その場合の適用条項については、本書では「旧関税法第○条第△項」のように表記しています。

■本書の内容は、令和6年4月1日現在において施行されている法令に基づいて作成しています。

本書の活用例

■各問題の冒頭に、□が5つ並んでいますが…
　　　　　自信を持って正解したときは　　　　○
　　　　　正解したが自信がないときは　　　　△
　　　　　間違えたときは　　　　　　　　　　×
の印を記入し、次回解答する場合は、「△」「×」の問題を優先して、繰り返しトライするといった活用法をお奨めします。

■解答欄の解説で使用している法令等の略称の正式名称は下記の通りです。

略式名称	正式名称	略式名称	正式名称
関法	関税法	定率法	関税定率法
関令	関税法施行令	定率令	関税定率法施行令
関法規則	関税法施行規則	定率規則	関税定率法施行規則
関法通達	関税法基本通達	定率通達	関税定率法基本通達

※平成28年12月31日以前の関税法の規定については、「旧関税法（旧関法)」と記載しています。

目　次

I

税額の計算

区分	確定方式	税率	課税対象関税額	納付税額
関税	申告納税方式又は賦課課税方式	関税率表に品目毎に定められた税率 （＊1）	課税標準となる金額に千円未満の端数があるとき、又はその全額が千円未満であるときは、その端数金額又はその全額を切り捨てる。 （＊6）	算出関税額に百円未満の端数があるとき、又はその全額が百円未満であるときは、その端数金額又はその全額を切り捨てる。 （＊8）
延滞税	関法第12条の規定により確定する（特別の手続を要しない）	年7.3％（なお、近年は、特例税率が設けられており、毎年異なる（注1）。）ただし、納期限の翌日から2月を経過後においては、加重税率（年14.6％）が適用される。なお、平成26年1月1日以降は、特例税率が設けられている（注2）。また、延滞税の課税対象日数に一定の限度がある（注3）。 （＊2）	課税対象関税額（未納関税額又は増差関税額）が、1万円未満であれば、附帯税の規定が適用されない（すなわち、附帯税は課されない）。1万円以上であれば、1万円未満の端数を切り捨てた後に税率を乗じる。 （＊7）	算出税額が、千円未満であれば、徴収されない。千円以上であれば、百円未満の端数を切り捨てて納付する。 （＊9）
過少申告加算税	賦課課税方式	税率　　　　　　10％ 又は5％ 加重分　　　　　　　 （注4） （当初申告税額と50万円とのいずれか多い額を超える部分には）　　　5％を加算 （＊3）		算出税額が、5千円未満であれば、徴収されない。5千円以上であれば、百円未満の端数を切り捨てて納付する。 （＊10）
無申告加算税		税率　　15％、10％ 又は5％ 加重分　　　　　　　 （注4） （税率が5％の場合を除き、納付すべき関税額が50万円を超える部分には）　　　5％を加算 （＊4）（注5）		
重加算税		10％の過少申告加算税に代えて課される場合　　　　35％ 15％の無申告加算税に代えて課される場合　　　　40％ （＊5）（注5）		

（注1）　最近の特例税率は、平成30年1月1日から令和2年12月31日までの間は年2.6％、令和3年1月1日から同年12月31日までの間は年2.5％、令和4年1月1日から令和6年12月31日までの間は年2.4％となっている（関法附則第3項等）。

（注2）　最近の特例税率は、平成30年1月1日から令和2年12月31日までの間は年8.9％、令和3年1月1日から同年12月31日までの間は年8.8％、令和4年1月1日から令和6年12月31日までの間は年8.7％となっている（関法附則第3項等）。

（注3）　延滞税の課税対象日数は、未納関税額の法定納期限の翌日から当該未納関税額を全額納付する日までの日数が原則である。ただし、関税法第7条第1項の規定による申告のあった関税について当該法定納期限の翌日から1年を経過した後に修正申告等（偽りその他不正行為等に基づく修正申告等を除く。）が行われたときは、延滞税の対象日数は1年までの日数に限られる（関法第12条第10項）。

（注4）　過少申告加算税及び無申告加算税は、一定条件の下では課されない。（6頁参照）

（注5）　無申告加算税及び重加算税については、一定条件の下で加算措置がとられる。このうち、加算後累積納付税額が300万円を超える場合における無申告加算税額については、計算方法が通常の場合と異なる。（7頁参照）

関税に係る端数計算の方法
【計算例】（関法通達 13 の 4 - 2 参照）
関税についての端数計算の方法は、次による。
(1)　従価税品についての関税の課税標準の額の端数計算は、輸入（納税）申告書等の各欄ごとに行い、
　　関税の確定金額の端数計算は、各欄ごとの関税額を合計した額について行う。

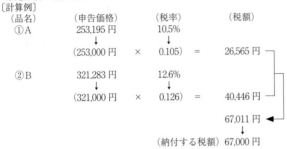

〔計算例〕
（品名）	（申告価格）		（税率）	（税額）
①A	253,195 円		10.5%	
	↓		↓	
	(253,000 円	×	0.105) =	26,565 円
②B	321,283 円		12.6%	
	↓		↓	
	(321,000 円	×	0.126) =	40,446 円
				67,011 円
				↓
			（納付する税額）	67,000 円

(2)　従量税品についての関税の課税標準となる数量の端数処理は、輸入（納税）申告書等の各欄ごとに
　　次の要領により行い、この場合における関税額は、各欄ごとに円位未満を切り捨てた後、その合計額
　　について関税の確定金額の端数計算を行う。

　　イ　酒税の課税されるもの　　　　　　　　　　　　　　10mℓ位まで
　　　　揮発油税の課税されるもの　　　　　　　　　　　　　ℓ位まで

　　　　石油ガス税の課税されるもの　　　　　　　　　　kg位まで
　　　　石油石炭税の課税されるもの　　　　　　　　ℓ位又はkg位まで
　　とし、それぞれの単位未満は切り捨てる。

　　ロ　その他のもの
　　（イ）税率が円位以上 2 けたまでの場合は整数位までとし、それ未満は切り捨てる。
　　（ロ）税率が円位以上 3 けたの場合は小数点以下 1 位までとし、それ未満は切り捨てる。
　　（ハ）税率が順次円以上 n けたの場合は小数点以下 (n - 2) 位までとし、それ未満は切り捨て
　　　　る。

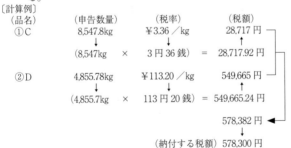

〔計算例〕
（品名）	（申告数量）		（税率）	（税額）
①C	8,547.8kg		￥3.36／kg	28,717 円
	↓		↓	
	(8,547kg	×	3 円 36 銭) =	28,717.92 円
②D	4,855.78kg		￥113.20／kg	549,665 円
	↓		↓	
	(4,855.7kg	×	113 円 20 銭) =	549,665.24 円
				578,382 円
				↓
			（納付する税額）	578,300 円

根拠規定：＊1　定率法第 3 条
　　　　　＊2　関法第 12 条第 1 項
　　　　　＊3　関法第 12 条の 2
　　　　　＊4　関法第 12 条の 3
　　　　　＊5　関法第 12 条の 4
　　　　　＊6　関法第 13 条の 4（国税通則法第 118 条第 1 項を準用）
　　　　　＊7　関法第 12 条第 3 項、第 12 条の 2 第 6 項、第 12 条の 3 第 8 項、第 12 条の 4 第 5 項、附
　　　　　　　則第 6 項
　　　　　＊8　関法第 13 条の 4（国税通則法第 119 条第 1 項を準用）
　　　　　＊9　関法第 12 条第 4 項
　　　　　＊10　関法第 12 条の 2 第 6 項、第 12 条の 3 第 8 項、第 12 条の 4 第 5 項

◎ 消費税及び地方消費税の税率、端数処理等

	税率	課税標準額	納付税額
消費税	標準税率　　　　　7.8% 軽減税率　　　　　6.24% 　　　　　　　　　（＊1） （注）輸入貨物が飲食料品（人の飲用又は食用に供されるもの。酒類を除く。）であるときは、軽減税率を適用する。また、飲食料品と飲食料品以外の物品が一体となっている貨物（一体貨物）の場合は、一体貨物に係る消費税の課税標準額が1万円以下で、かつ、飲食料品に係る部分の価額が3分の2を超えるときは、軽減税率を適用する。	課税標準となる金額は、輸入貨物の課税価格（端数処理前のもの）に、当該輸入貨物に係る関税及び消費税以外の内国消費税の額に相当する金額（端数処理後のもの）を加算したものである。 消費税額を計算するときは、この課税標準となる金額に千円未満の端数があるとき、又はその全額が千円未満であるときは、その端数金額又はその全額を切り捨てる。（＊3）	算出した消費税額に百円未満の端数があるとき、又はその全額が百円未満であるときは、その端数金額又はその全額を切り捨てる。 （＊5）
地方消費税	消費税額の22/78 　　　　　　　　　（＊2）	課税標準となる金額は、輸入貨物に係る消費税の額に相当する金額（端数処理後のもの）である。 地方消費税額を計算するときは、この課税標準となる金額について端数処理（関税額や消費税額を計算するときのような課税標準となる金額の千円未満切捨て）はしないので注意を要する。　　（＊4）	算出した地方消費税額に百円未満の端数があるとき、又はその全額が百円未満であるときは、その端数金額又はその全額を切り捨てる。 （＊6）

根拠規定
* ＊1　消費税法第29条、所得税法等の一部を改正する法律（平成28年法律第15号）附則第34条第1項第1号
* ＊2　地方税法第72条の83
* ＊3　消費税法第28条第4項、国税通則法第118条第1項、関法通達13の4－3 (1)
* ＊4　地方税法第72条の82、関法通達13の4－3 (3)
* ＊5　国税通則法第119条第1項
* ＊6　地方税法第20条の4の2第3項

消費税・地方消費税に係る端数計算の方法

【計算例】（関法通達 13 の 4−3 参照）

（品名）（CIF 価格）（関税率）（関税相当額）（消費税率）（消費税額）　　（地方消費税率）（地方消費税額）

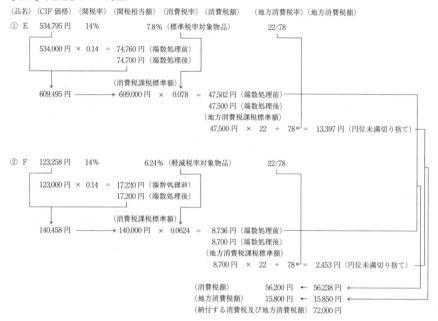

① E　534,795 円　　14%
　　　　　　　　　　　　　　　　7.8%（標準税率対象物品）　　　　　22/78

534,000 円　×　0.14　=　74,760 円（端数処理前）
　　　　　　　　　　　　　74,700 円（端数処理後）

　　　　　　　　　　　　（消費税課税標準額）
609,495 円　──────→　609,000 円　×　0.078　=　47,502 円（端数処理前）
　　　　　　　　　　　　　　　　　　　　　　　　47,500 円（端数処理後）
　　　　　　　　　　　　（地方消費税課税標準額）
　　　　　　　　　　　　　　47,500 円　×　22　÷　78 =　13,397 円（円位未満切り捨て）

② F　123,258 円　　14%
　　　　　　　　　　　　　　　　6.24%（軽減税率対象物品）　　　　22/78

123,000 円　×　0.14　=　17,220 円（端数処理前）
　　　　　　　　　　　　　17,200 円（端数処理後）

　　　　　　　　　　　　（消費税課税標準額）
140,458 円　──────→　140,000 円　×　0.0624　=　8,736 円（端数処理前）
　　　　　　　　　　　　　　　　　　　　　　　　8,700 円（端数処理後）
　　　　　　　　　　　　（地方消費税課税標準額）
　　　　　　　　　　　　　　8,700 円　×　22　÷　78 =　2,453 円（円位未満切り捨て）

（消費税額）　　　　　56,200 円　←　56,238 円　←
（地方消費税額）　　　15,800 円　←　15,850 円　←
（納付する消費税及び地方消費税額）　72,000 円

◎　修正申告等により課されることとなる過少申告加算税等の税率

当初納税申告（輸入許可）　　　　　　　　　　　　　　　更正予知　　　　調査終了手続

平成28年末までに法定納期限が到来した関税に適用される制度	過少申告加算税：非課税（注1）	過少申告加算税：10%（＊1）
	期限後特例申告加算税：非課税（注2）／無申告加算税：5%（＊3）	無申告加算税：15%（＊2）

調査通知

平成29年1月1日以降に法定納期限が到来する関税に適用される制度（注5）	過少申告加算税：非課税（注3）	過少申告加算税：5%（＊5）	過少申告加算税：10%（＊4）
	期限後特例申告加算税：非課税（注4）／無申告加算税：5%（＊8）	無申告加算税：10%（＊7）	無申告加算税：15%（＊6）

(注1)　修正申告が、税関の調査があったことにより更正があるべきことを予知してされたものでないときは、過少申告加算税の規定は適用しない（旧関法第12条の2第4項）。
(注2)　期限後特例申告書の提出が、①税関の調査があったことにより決定があるべきことを予知してされたものでなく、②期限内特例申告書を提出する意思があったと認められる場合で、かつ、③その提出期限から1か月以内に行われた場合には、無申告加算税の規定は適用しない（旧関法第12条の3第5項）。
(注3)　税関からの調査通知がある前に行われた修正申告であって、更正があるべきことを予知してされたものでないものに対しては、過少申告加算税の規定は適用しない（関法第12条の2第5項）。
(注4)　非課税の要件は（注2）と同じ（関法第12条の3第7項）。
(注5)　一定の要件を満たす電磁的記録又は電子計算機出力マイクロフィルムにより関税関係帳簿が保存されている場合で、当該電磁的記録又は電子計算機出力マイクロフィルムに記録された事項に関し過少申告加算税が課されるときは、当該過少申告加算税の額の計算の基礎となる税額に5%を乗じた金額が控除される（関法第12条の2第3項。令和4年1月1日以後に法定納期限が到来する関税について適用）。

根拠規定：＊1　旧関法第12条の2第1項
　　　　　＊2　旧関法第12条の3第1項
　　　　　＊3　旧関法第12条の3第4項
　　　　　＊4　関法第12条の2第1項本文
　　　　　＊5　関法第12条の2第1項かっこ書
　　　　　＊6　関法第12条の3第1項本文
　　　　　＊7　関法第12条の3第1項かっこ書
　　　　　＊8　関法第12条の3第6項

◎　無申告加算税及び重加算税の加算措置

　関税関係書類に係る電磁的記録又は電子取引の取引情報に係る電磁的記録に記録された事項に関して重加算税が課される場合は、10％の割合が加算されます（令和4年1月1日施行）。また、意図的に無申告又は隠蔽・仮装を繰り返す悪質な行為を防止し、適正な納税申告の履行を確保する観点から、過去5年以内に関税について無申告加算税（15％の税率が適用されるもの）又は重加算税を課されたことがある場合における無申告加算税（15％の税率が適用されるもの）又は重加算税については、10％の割合が加算される（平成29年1月1日施行）ほか、繰り返し行われる悪質な無申告行為を未然に抑止し、自主的に申告を促し、納税コンプライアンスを高める観点から、期限後特例申告書の提出等についての関税に係る貨物の輸入の日（特例申告貨物については、その輸入の許可の日）の属する年の前年及び前々年に輸入された貨物（特例申告の場合は、輸入が許可された貨物）に係る関税について、無申告加算税（5％の税率が適用されるものを除く。）又は無申告加算税に代わる重加算税を課されたことがある場合等における無申告加算税（15％又は10％の税率が適用されるもの）又は重加算税（無申告加算税に代えて課されるもの）については、10％の割合が加算されます（令和6年1月1日施行。この加算措置と、過去5年以内に無申告加算税等を課されたことがある場合の加算措置とのいずれにも該当する場合は、いずれかの加算措置を適用）。

無申告加算税	：15％（10％）　＋ 10％
重加算税（過少申告）	：35％（＋ 10％）＋ 10％
重加算税（無申告）	：40％（＋ 10％）＋ 10％

　なお、社会通念に照らして申告義務を認識していなかったとは言いがたい規模の高額無申告について、納付税額が300万円を超える部分にペナルティを課す観点から、15％又は10％の無申告加算税が課される場合において、加算後累積納付税額が300万円を超えるときは、加算後累積納付税額と累積納付税額について、それぞれ次の区分により計算した合計額の差額が無申告加算税の額となります（令和6年1月1日施行。かっこ内は、期限後特例申告書の提出又は期限後特例申告書の提出・決定後の修正申告が更正・決定を予知してされたものでない場合の税率）。イメージ的には、通常の計算方法により計算する場合に比べ、300万円を超える部分の税額に10％の割合を乗じて計算した金額が加算されますが、これに加え、上述の加算措置が適用されます。
　①　50万円以下の部分に15％（10％）を乗じる。
　②　50万円を超え300万円以下の部分に20％（15％）を乗じる。
　③　300万円を超える部分に30％（25％）を乗じる。

税額の計算のポイント

1．関税額の計算

（1）関税率の適用順位

　　　関税率を選択して関税額を計算する問題では、基本税率、暫定税率、協定税率（WTO加盟国を原産地とする貨物に適用）、特恵税率の優先関係を押さえておく。特恵税率は特恵受益国（開発途上国）を原産地とする輸入貨物に適用されるが、輸入申告時に特恵原産地証明書等の提出を要するので、特恵税率を適用するためには、問題文に特恵税率が適用できる要件を満たしていることが記されている必要がある。これらの税率の適用順位は以下のとおり。

　イ　特恵受益国を原産地とする貨物で、特恵税率を適用できる要件が満たされている場合は、特恵税率を適用する。

　ロ　特恵税率以外の税率については、次のとおり。

　　①　基本税率と暫定税率では、関税率の高低にかかわらず、常に暫定税率を適用。

　　②　基本税率（暫定税率が設定されている場合は暫定税率）と協定税率では、協定税率が基本税率（又は暫定税率）より低い場合にのみ協定税率を適用。

　（注）米国、オーストラリア、英国等の先進国を原産地とする貨物を特恵受益国に輸出し、当該特恵受益国において何ら加工等がされずに、当該特恵受益国から日本に輸入される場合は、当該貨物の原産地は米国等のまま変わらない。

（2）法令改正と適用税率

　　　関税を課する場合に適用する法令は、原則として輸入申告の日において適用される法令による。例外は多々あるが、次のものを押さえておく。

　イ　輸入申告後輸入の許可前に法令の改正があった場合は、当該許可の日において適用される法令（税率）を適用する。

　ロ　輸入許可前貨物引取り承認を受けて引き取られる貨物について、輸入申告後その承認前に当該貨物に適用される法令の改正があった場合は、当該承認の日において適用される法令（税率）を適用する。

（3）従価税率による納付すべき関税額の計算

　イ　「輸入申告価格（課税価格）×関税率＝関税額」であるが、その際、申告価格の1,000円未満を切り捨てて計算し、計算後の関税額の100円未満を切り捨てる。

　（例）一納税申告・1品目（1欄申告）の場合の納付関税額

　　品目A　輸入申告価格 253,195 円、関税率 10.5%

　　　→　253,000 円（1,000 円未満切捨て）× 0.105 ＝ 26,565 円

　　［納付関税額］　26,500 円（100 円未満切捨て）

　ロ　申告欄の異なる複数の品目の関税額は、すべての品目の関税額を足し合わせた後に 100 円未満を切り捨てる。

　　（例）一納税申告・2品目（2欄申告）の場合の納付関税額

　　品目A　輸入申告価格 253,195 円、関税率 10.5%

　　　→　253,000 円（1,000 円未満切捨て）× 0.105 ＝ 26,565 円

　　品目B　輸入申告価格 321,283 円、関税率 12.6%

　　　→　321,000 円（1,000 円未満切捨て）× 0.126 ＝ 40,446 円

　　［納付関税額］　26,565 円＋ 40,446 円＝ 67,011 円

　　　→　67,000 円（100 円未満切捨て）

（4）従量税率による納付すべき関税額の計算（酒税等、従量税率による内国消費税が課される場合を除く。）

　イ　「輸入申告数量（課税標準となる数量（正味数量））×関税率＝関税額」であるが、その際、

　　①　関税率の円位以上が2桁までの場合は、輸入申告数量は整数位までとしそれ未満は切り捨てる。

　　②　関税率の円位以上が3桁の場合は、輸入申告数量は小数点以下1位までとしそれ未満は切り捨てる。

　　③　関税率の円位以上が4桁以上n桁の場合は、輸入申告数量は小数点以下（n－2）位までとしそれ未満は切り捨てる。

　　④　計算後の関税額の円位未満を切り捨てた後に、100 円未満を切り捨てる。

　　（例）一納税申告・1品目（1欄申告）の場合の納付関税額

　　品目C　輸入申告数量 8,547.8 kg、関税率 3.36 円 / kg

　　　　関税率の円位以上が1桁であることから、輸入申告数量は整数位まで。したがって、

　　　　8,547 kg（整数位）× 3.36 円 / kg ＝ 28,717.92 円

　　　　　　　→　28,717 円（円位未満切捨て）

　　［納付関税額］　28,700 円（100 円未満切捨て）

　　品目D　輸入申告数量 4,855.78 kg、関税率 113.20 円 / kg

　　　　関税率の円位以上が3桁であることから、輸入申告数量は小数点以下1位まで。したがって、

　　　　4,855.7 kg（小数点以下1位）× 113.20 円 / kg ＝ 549,665.24 円

I　税額の計算

　　　　　　　　→　549,665 円（円位未満切捨て）

　　　　　　［納付関税額］　549,600 円（100 円未満切捨て）。

ロ　申告欄の異なる複数の品目の関税額は、すべての品目の関税額（円位未満を切り捨てた後の額）を足し合わせた後に 100 円未満を切り捨てる。

　　（例）一納税申告・2 品目（2 欄申告）の場合の納付関税額

　　　　上記イの品目Cと品目Dが一納税申告・2 欄申告である場合の納付関税額は、

　　　　　28,717 円（円位未満切捨て）＋ 549,665 円（円位未満切捨て）

　　　　　　　　　　＝ 578,382 円　→　578,300 円（100 円未満切捨て）

（注1）修正申告（又は増額更正）や更正の請求（又は減額更正）の場合は、当初申告（貨物を輸入する際に行う納税申告）に係る納付関税額（X円）及び修正申告（又は増額更正）又は更正の請求（又は減額更正）後の納付関税額（本来納付すべき関税額。Y円）を、それぞれ上記により計算し、XとYの差額（修正申告（又は増額更正）の場合はY－X、更正の請求（又は減額更正）の場合はX－Y）が、修正申告（又は増額更正）により納付すべき関税額又は関税更正請求書に記載する関税額（又は減額更正による過納金）となる。

（注2）従価従量税率（例：9.8％と 23.5 円 / kgのいずれか高い（低い）税率）の場合は、従価税率と従量税率のそれぞれの税率で上記により関税額を計算し、高い方（低い方）の関税額が納付関税額となる。

2．消費税額及び地方消費税額の計算

（1）消費税

　　輸入貨物に課される消費税の課税標準は、当該輸入貨物の課税価格（輸入申告価格。端数処理前のもの）に、当該輸入貨物に係る関税及び消費税以外の内国消費税（酒税等）の額に相当する金額（端数処理後のもの）を加算したものである。

イ　1 品目（1 欄申告）の場合は、課税標準の 1,000 円未満を切り捨てた後に消費税率 7.8％（通常税率。酒類を除く飲食料品は、軽減税率 6.24％）を乗じて計算し、計算後の消費税額の 100 円未満を切り捨てる。

　　※　飲食料品と飲食料品以外の物品が一体となっている貨物（一体貨物）の場合は、一体貨物に係る消費税の課税標準額が 1 万円以下で、かつ、飲食料品に係る部分の価額が 3 分の 2 を超えるときは、軽減税率を適用する。

（例）一納税申告・1品目（1欄申告）の場合の納付消費税額

品目A　（通常税率適用品）　輸入申告価格（端数処理前）253,195円、
関税額（端数処理前）26,565円の場合、課税標準は

253,195円＋26,500円（100円未満切捨て）＝279,695円

となるので、消費税額は、

279,000円（1,000円未満切捨て）×0.078＝21,762円

［納付消費税額］　21,700円（100円未満切捨て）

ロ　申告欄の異なる複数の品目の消費税額は、すべての品目の消費税額を足し
合わせた後に100円未満を切り捨てる。

（例）一納税申告・2品目（2欄申告）の場合の納付消費税額

品目A　（通常税率適用品）　輸入申告価格（端数処理前）253,195円、
関税額（端数処理前）26,565円の場合、課税標準は

253,195円＋26,500円（100円未満切捨て）＝279,695円

となるので、消費税額は、

279,000円（1,000円未満切捨て）×0.078＝21,762円

品目B　（食料品）　輸入申告価格（端数処理前）321,283円、関税額（端
数処理前）40,446円の場合、課税標準は

321,283円＋40,400円（100円未満切捨て）＝361,683円

となるので、消費税額は、

361,000円（1,000円未満切捨て）×0.0624

＝22,526円（1円未満切捨て）

［納付消費税額］　21,762円＋22,526円＝44,288円

→　44,200円（100円未満切捨て）

（2）地方消費税

輸入貨物に課される地方消費税の課税標準は、当該輸入貨物の消費税額（端
数処理後のもの）である。

イ　1品目（1欄申告）の場合は、課税標準に地方消費税率22/78（消費税が
軽減税率適用であっても、地方消費税率は同じ）を乗じて計算し、計算後の
地方消費税額の100円未満を切り捨てる。

※　関税額や消費税額の計算のような課税標準の端数処理（1,000円未満
の切捨て）はしないので、注意を要する。

（例）一納税申告・1品目（1欄申告）の場合の納付地方消費税額

品目A　消費税額（端数処理前）　21,762円

→　21,700円（100円未満切捨て）×22÷78

＝6,120円（1円未満切捨て）

　　　　　　　　［納付地方消費税額］　6,100円（100円未満切捨て）
　ロ　申告欄の異なる複数の品目の地方消費税額は、すべての品目の地方消費税
　　額を足し合わせた後に100円未満を切り捨てる。
　　　（例）一納税申告・2品目（2欄申告）の場合の納付地方消費税額
　　　品目A　消費税額（端数処理前）　21,762円
　　　　　→　21,700円（100円未満切捨て）×22÷78
　　　　　　　　　　　　　　　　　　　＝6,120円（1円未満切捨て）
　　　品目B　消費税額（端数処理前）　22,526円
　　　　　→　22,500円（100円未満切捨て）×22÷78
　　　　　　　　　　　　　　　　　　　＝6,346円（1円未満切捨て）
　　　　［納付地方消費税額］　6,120円＋6,346円＝12,466円
　　　　　　　　　　　→　12,400円（100円未満切捨て）

3．延滞税額の計算

（1）計算式
　　未納関税額×延滞税率×延滞日数÷365日＝延滞税額。
　　（注1）未納関税額は、修正申告又は増額更正により納付すべき関税額。上記
　　　　1により計算する。
　　（注2）延滞税率は毎年変わることから、試験問題の中で指定される（令和5
　　　　年は年2.4%。ただし、未納関税額の納期限の翌日から2月を経過する日後
　　　　は年8.7%）。
　　（注3）閏年も1年は365日で計算（ただし、閏年の2月は1日から29日まで）。
（2）端数処理
　　イ　未納関税額の10,000円未満を切り捨てて計算する（したがって、未納関
　　　税額が1万円未満の場合は全額を切り捨てることから、延滞税は課されな
　　　い。）。
　　ロ　計算後の延滞税額（異なる延滞税率で計算する延滞日数があるときは、そ
　　　れぞれの延滞税率で計算した額を1円単位で足した後の延滞税額）の100円
　　　未満を切り捨てる。
　　ハ　延滞税額の計算の過程における金額に1円未満の端数が生じたときは、こ
　　　れを切り捨てる。
　　ニ　延滞税額が1,000円に満たないときは徴収しない。
（3）延滞日数
　　法定納期限の翌日から未納関税額を納付する日までの日数（このうち、未納
　　関税額の納期限の翌日から2月を経過する日の翌日から当該未納税額を納付

する日までの日数には高い延滞税率が課されることとなる。延滞日数を計算するときは、法定納期限、納期限及び未納関税額の納付日を確実に押さえること。)。

（4）法定納期限

原則として関税が課される貨物を輸入する日（輸入の許可を受ける貨物は、その許可の日）。例外は多々あるが、次のものを押さえておく（かっこ内が法定納期限）。

イ　特例申告貨物につき納付すべき関税（特例申告書の提出期限。すなわち、特例申告貨物の輸入許可の日の属する月の翌月末日）

ロ　納期限の延長がされた関税（当該延長された期限）

　（注）「納期限の延長がされた関税」とは、当初申告により納付すべき関税であり、修正申告又は増額更正により納付すべき未納の関税は「納期限が延長された関税」ではないため、その法定納期限は原則どおり「輸入の許可の日」であることに注意。例えば、当初申告において納付すべき関税10万円について納期限を3か月延長して輸入の許可を受けたときは、この10万円の法定納期限は当該延長された期限であるが、実際に納付すべき関税額が10万円でなく15万円であったことから、修正申告により未納関税額5万円を納付するときは、この5万円の法定納期限は当該延長された期限ではなく、当該輸入の許可の日である。

ハ　輸入許可前貨物引取り承認を受けた貨物につき納付すべき関税（税額等の通知、更正通知書又は納税告知書が発せられた日）

（5）納期限

原則として納税申告に係る貨物を輸入する日（実質的には輸入の許可の日）。例外は多々あるが、次のものを押さえておく（かっこ内が納期限）。

イ　期限内特例申告書記載の税額（特例申告書の提出期限）

ロ　期限後特例申告書記載の税額（期限後特例申告書の提出日）

ハ　輸入許可前貨物引取り承認を受けた貨物につき、税額等の通知書記載の税額又は当該貨物の輸入許可前の更正に係る更正通知書記載の税額（先の納税申告に係る税額で未納のものを含む。）（これらの書類が発せられた日の翌日から起算して1月を経過する日）

ニ　輸入許可後の修正申告に係る書面記載の税額（当該修正申告の日）

ホ　輸入許可後の増額更正に係る更正通知書記載の税額（当該更正通知書が発せられた日の翌日から起算して1月を経過する日）

I 税額の計算

4. 過少申告加算税額の計算
（1）計算式

　　　増差関税額× 10%（又は 5%）＝過少申告加算税額。

　　（注1）増差関税額は、修正申告又は増額更正により納付すべき関税額。上記
　　　1により計算する。

　　（注2）増額更正により過少申告加算税が課される場合は、税率は常に
　　　10%。また、税関による調査があったことにより行われた修正申告により過
　　　少申告加算税が課される場合は、更正を予知して行われた修正申告であるこ
　　　とから、税率は 10%。

　　（注3）5%の税率が適用されるのは、平成 29 年 1 月 1 日以降に法定納期限
　　　が到来する関税で、税関から調査通知があった後、税関の調査前に自主的に
　　　（すなわち、更正を予知することなく）修正申告をした場合。

　　（注4）税関からの調査通知がある前に自主的に修正申告をした場合は、過少
　　　申告加算税は課されない。

（2）端数処理

　　イ　増差関税額の 10,000 円未満を切り捨てて計算する（したがって、増差関
　　　税額が 1 万円未満の場合は全額を切り捨てることから、過少申告加算税は課
　　　されない。）。

　　ロ　計算後の過少申告加算税額（加重過少申告加算税が課される場合は、基本
　　　となる過少申告加算税の額と加重過少申告加算税の額を 1 円単位で足した後
　　　の過少申告加算税額）の 100 円未満を切り捨てる。

　　ハ　過少申告加算税額が 5,000 円に満たないときは徴収しない。

（3）加重過少申告加算税

　　　過少申告加算税が課される場合において、当該過少申告加算税の原因となっ
　　た修正申告又は増額更正により納付すべき関税額（すなわち増差関税額である
　　が、下記（4）の累積増差税額を含む。）が当初申告に係る関税額と 50 万円の
　　いずれか多い額（下記（4）において「基準額」という。）を超えるときは、
　　その超える部分（当該納付すべき関税額が当該超える部分の税額に満たないと
　　きは、当該納付すべき関税額）に相当する額に 5%を乗じて得られた額の加重
　　過少申告加算税を、上記（1）により計算した過少申告加算税額に加算する（過
　　少申告加算税の計算問題では。加重過少申告加算税が課されるかどうかを必ず
　　検討すること。）。

（4）累積増差税額

　　　修正申告又は増額更正の前に行われた修正申告又は増額更正による納付すべ
　　き関税額がある場合は、当該納付すべき関税額を累積増差税額といい、加重過

14

少申告加算税の対象となり得る。

　例えば、当初申告で10万円の関税を納付した後に税関の調査に基づく修正申告により20万円を納付し、更にその関税について増額更正により40万円を納付した場合において、当該更正に係る40万円について過少申告加算税を課すときは、当該更正の前に行われた当該修正申告に係る20万円（累積増差税額）を加算した60万円と基準額を比較して、加重過少申告加算税が課されるかどうかを判断する。この例では、当初申告で納付した10万円と50万円のいずれか多い額は50万円であるので、50万円が基準額となり、これを累積増差税額を含めた増差関税額60万円と比較すると、60万円の方が多いので、その差額10万円に加重過少申告加算税が課されることとなる。したがって、納付すべき過少申告加算税の額は、40万円×10％＋10万円×5％＝45,000円となる。

(注)　無申告加算税額及び重加算税額の計算問題は、これまで通関士試験に出題されていないので、ポイントを掲載していないが、本書においては、出題される場合を想定して、これらの計算問題も掲載している。なお、計算問題としては出題されていなくても、正誤問題では無申告加算税及び重加算税に係る問題は出題されているので、その仕組みについては理解しておく必要がある。

Level 1　基礎レベル（その1）

1　税額計算

問題1　次の貨物について、輸入（納税）申告により納付すべき関税額を計算しなさい。

品名	A
課税価格	520,000円
適用税率	9.8%

問題2　次の貨物について、輸入（納税）申告により納付すべき関税額を計算しなさい。

品名	パイナップル缶詰
課税価格	5,000,000円
輸入数量	5,000.00kg
適用税率	33円／kg

問題3　次の貨物について、輸入（納税）申告により納付すべき関税額を計算しなさい。

品名	パイナップル缶詰
課税価格	4,000,000円
輸入数量	3,825.50kg
適用税率	33円／kg

解答 1　　50,900 円
　輸入（納税）申告により納付すべき関税額は、課税価格に関税率（従価税率）を乗じて得た額である。

520,000 円 × 9.8% = 50,960 円
　　　　　　　　　↓　百円未満の端数切捨て
　　　　　　　　　50,900 円

根拠規定：関法第 7 条、第 13 条の 4

解答 2　　165,000 円
　輸入（納税）申告により納付すべき関税額は、課税数量に従量税率を乗じて得た額である。

5,000 kg × 33 円／kg = 165,000 円

根拠規定：関法第 7 条、第 13 条の 4、関法通達 13 の 4 − 2（本書 3 頁）

解答 3　　126,200 円
　輸入（納税）申告により納付すべき関税額は、課税数量に従量税率を乗じて得た額である。

3,825.50 kg
　　↓　適用税率が円位以上 2 桁なので整数位未満の端数切捨て
3,825 kg × 33 円／kg = 126,225 円
　　　　　　　　　　　↓　百円未満の端数切捨て
　　　　　　　　　　　126,200 円

根拠規定：関法第 7 条、第 13 条の 4、関法通達 13 の 4 − 2（本書 3 頁）

問題 4　　次の貨物について、輸入（納税）申告により納付すべき関税額を計算しなさい。

品名	ミルク
課税価格	500,000円
輸入数量	7,800.00kg
適用税率	21.3% ＋ 635円／kg

問題 5　　次の貨物について、輸入（納税）申告により納付すべき関税額を計算しなさい。

品名	ジュース
課税価格	500,000円
輸入数量	7,500.00kg
適用税率	29.8％又は23円／kgのうちいずれか高い税率

解答 4　　5,059,500 円

　輸入（納税）申告により納付すべき関税額は、従価税率で計算して得た関税額と従量税率で計算して得た関税額を合計した額である。

1　従価税率による関税額
　　500,000 円 × 21.3% = 106,500 円…①
2　従量税率による関税額
　　7,800 kg × 635 円／kg = 4,953,000 円…②
3　輸入（納税）申告により納付すべき関税額
　　① + ② = 5,059,500 円　（注）

（注）　従価・従量税の場合の関税額は、それぞれの関税率で計算して得た関税額の合計額から百円未満の端数を切り捨てた額である。

根拠規定：関法第 7 条、第 13 条の 4、関法通達 13 の 4 - 2（本書 3 頁）

解答 5　　172,500 円

　輸入（納税）申告により納付すべき関税額は、従価税率で計算して得た関税額と従量税率で計算して得た関税額とを比較し、いずれか大きい方の関税額である。

1　従価税率による関税額
　　500,000 円 × 29.8% = 149,000 円…①
2　従量税率による関税額
　　7,500 kg × 23 円／kg = 172,500 円…②
3　輸入（納税）申告により納付すべき関税額
　　①と②を比較し、関税額が大きい②が納付すべき関税額となる。

根拠規定：関法第 7 条、第 13 条の 4、関法通達 13 の 4 - 2（本書 3 頁）

問題 6　次の貨物について、輸入（納税）申告により納付すべき関税額、消費税額及び地方消費税額を計算しなさい。なお、当該貨物に適用する消費税の税率は 7.8％、地方消費税の税率は消費税額の 22/78 とする。

品名	A
課税価格	2,432,980円
輸入数量	1,130.89㎡
適用関税率	8.7％又は144円／㎡のいずれか高い税率

解答6　　関税額 211,500 円、消費税額 206,200 円、地方消費税額 58,100 円

　輸入（納税）申告により納付すべき関税額は、従価税率で計算して得た関税額と従量税率で計算して得た関税額とを比較し、いずれか大きい方の関税額である。

1　従価税率による関税額

　2,432,980 円

　　　↓　千円未満の端数切捨て

　2,432,000 円 × 8.7% = 211,584 円

　　　　　　　　　　　　　　↓　百円未満の端数切捨て

　　　　　　　　　　　　211,500 円…①

2　従量税率による関税額

　1,130.89 ㎡

　　　↓　従量税率が円位以上 3 桁なので小数点以下 1 位未満の端数切捨て

　1,130.8 ㎡ × 144 円／㎡ = 162,835 円（1 円未満の端数切捨て）

　　　　　　　　　　　　↓　百円未満の端数切捨て

　　　　　　　　　　　162,800 円…②

3　納付すべき関税額

　①と②を比較し、関税額が大きい①が納付すべき関税額となる。

4　納付すべき消費税額

　2,432,980 円（端数処理前の課税価格） ＋ 211,500 円（端数処理後の関税額）

　　＝ 2,644,480 円

　　　　　↓　千円未満の端数切捨て

　　2,644,000 円 × 7.8% = 206,232 円

　　　　　　　　　　　　↓　百円未満の端数切捨て

　　　　　　　　　　　206,200 円

5　納付すべき地方消費税額

　206,200 円（端数処理後の消費税額）× 22 ÷ 78 = 58,158 円（1 円未満の端数切捨て）

　　　　　　　　　　　　　　　　↓　百円未満の端数切捨て

　　　　　　　　　　　　　　　58,100 円

根拠規定：関法第 7 条、第 13 条の 4、関法通達 13 の 4 − 2（本書 3 頁）、国税通則法第 118 条第 1 項、第 119 条第 1 項、地方税法第 20 条の 4 の 2 第 3 項、第 72 条の 82、関法通達 13 の 4 − 3（本書 5 頁）

2　修正申告

問題 7　次の貨物について、輸入（納税）申告をして許可を受けたが、許可後に次のとおり課税価格が誤っていることが判明し、修正申告をすることとなった。当該修正申告により納付すべき関税額を計算しなさい。

品名	A
当初申告の課税価格	30,000円
正しい課税価格	84,000円
適用税率	5.0%

問題 8　次の貨物について、輸入（納税）申告をして許可を受けたが、許可後に次のとおり輸入数量が誤っていることが判明し、修正申告をすることとなった。当該修正申告により納付すべき関税額を計算しなさい。

品名	落花生
当初申告の輸入数量	5,600.00kg
正しい輸入数量	6,500.00kg
適用税率	617円／kg

解答7　　2,700 円

　修正申告により納付すべき関税額は、修正申告後の関税額（本来納付すべき関税額）から修正申告前の関税額（当初申告により納付した関税額）を控除して得た額である。

1　修正申告前の関税額（当初申告により納付した関税額）
　30,000 円 × 5.0% ＝ 1,500 円…①
2　修正申告後の関税額（本来納付すべき関税額）
　84,000 円 × 5.0% ＝ 4,200 円…②
3　修正申告により納付すべき関税額
　② － ① ＝ 2,700 円

根拠規定：関法第 7 条の 14、第 13 条の 4

解答8　　555,300 円

　修正申告により納付すべき関税額は、修正申告後の関税額（本来納付すべき関税額）から修正申告前の関税額（当初申告により納付した関税額）を控除して得た額である。

1　修正申告前の関税額（当初申告により納付した関税額）
　5,600.0 kg × 617 円／kg ＝ 3,455,200 円…①
2　修正申告後の関税額（本来納付すべき関税額）
　6,500.0 kg × 617 円／kg ＝ 4,010,500 円…②
3　修正申告により納付すべき関税額
　② － ① ＝ 555,300 円

根拠規定：関法第 7 条の 14、第 13 条の 4、関法通達 13 の 4 － 2（本書 3 頁）

問題 9 　次の貨物について、輸入（納税）申告をして許可を受けたが、許可後に次のとおり適用税率が誤っていることが判明し、修正申告をすることとなった。当該修正申告により納付すべき関税額を計算しなさい。

品名	A
課税価格	426,500円
当初申告の関税率	5.5%
正しい関税率	9.7%

解答 9　　17,900 円

　修正申告により納付すべき関税額は、修正申告後の関税額（本来納付すべき関税額）から修正申告前の関税額（当初申告により納付した関税額）を控除して得た額である。

1　修正申告前の関税額（当初申告により納付した関税額）
　426,500 円
　　　↓　千円未満の端数切捨て
　426,000 円 × 5.5% ＝ 23,430 円
　　　　　　　　　　　　↓　百円未満の端数切捨て
　　　　　　　　　　　23,400 円…①

2　修正申告後の関税額（本来納付すべき関税額）
　426,500 円
　　　↓　千円未満の端数切捨て
　426,000 円 × 9.7% ＝ 41,322 円
　　　　　　　　　　　　↓　百円未満の端数切捨て
　　　　　　　　　　　41,300 円…②

3　修正申告により納付すべき関税額
　　② － ① ＝ 17,900 円

（参考）当初申告の関税率と正しい関税率との差を課税価格に乗じるのは、誤りとなる場合があるので、修正申告前の関税額と修正申告後の関税額の両方を計算し、その差額を出す必要がある。

　本問題例の場合、当初申告の関税率と正しい関税率との差（4.2%）を課税価格に乗じると関税額は 17,892 円となり、端数処理すると、納付すべき関税額は 17,800 円となってしまう。

根拠規定：関法第 7 条の 14、第 13 条の 4

問題 10　次の貨物について、輸入（納税）申告をして許可を受けたが、許可後に次のとおり課税価格が誤っていることが判明し、修正申告をすることとなった。当該修正申告により納付すべき関税額を計算しなさい。

品名	A
当初申告の課税価格	20,380円
正しい課税価格	24,550円
適用税率	12.0％

問題 11　次の貨物について、輸入（納税）申告をして許可を受けたが、許可後に次のとおり課税価格が誤っていることが判明し、修正申告をすることとなった。当該修正申告により納付すべき関税額を計算しなさい。

品名	A
当初申告の課税価格	34,550円
正しい課税価格	44,500円
適用税率	8.0％

解答 10　　400 円

　修正申告により納付すべき関税額は、修正申告後の関税額（本来納付すべき関税額）から修正申告前の関税額（当初申告により納付した関税額）を控除して得た額である。

1　修正申告前の関税額（当初申告により納付した関税額）
　　20,380 円
　　　↓　千円未満の端数切捨て
　　20,000 円 × 12.0% ＝ 2,400 円…①
2　修正申告後の関税額（本来納付すべき関税額）
　　24,550 円
　　　↓　千円未満の端数切捨て
　　24,000 円 × 12.0% ＝ 2,880 円
　　　　　　　　　　　↓　百円未満の端数切捨て
　　　　　　　　　　2,800 円…②
3　修正申告により納付すべき関税額
　　② － ① ＝ 400 円

根拠規定：関法第 7 条の 14、第 13 条の 4

解答 11　　800 円

　修正申告により納付すべき関税額は、修正申告後の関税額（本来納付すべき関税額）から修正申告前の関税額（当初申告により納付した関税額）を控除して得た額である。

1　修正申告前の関税額（当初申告により納付した関税額）
　　34,550 円
　　　↓　千円未満の端数切捨て
　　34,000 円 × 8.0% ＝ 2,720 円
　　　　　　　　　　　↓　百円未満の端数切捨て
　　　　　　　　　　2,700 円…①
2　修正申告後の関税額（本来納付すべき関税額）
　　44,500 円
　　　↓　千円未満の端数切捨て
　　44,000 円 × 8.0% ＝ 3,520 円
　　　　　　　　　　　↓　百円未満の端数切捨て
　　　　　　　　　　3,500 円…②
3　修正申告により納付すべき関税額
　　② － ① ＝ 800 円

根拠規定：関法第 7 条の 14、第 13 条の 4

問題12　次の貨物について、輸入（納税）申告をして許可を受けたが、許可後に次のとおり輸入数量が誤っていることが判明し、修正申告をすることとなった。当該修正申告により納付すべき関税額を計算しなさい。

品名	ライ小麦粉
当初申告の輸入数量	4,500.25kg
正しい輸入数量	5,500.25kg
適用税率	106円／kg

解答 12　　106,000 円

　修正申告により納付すべき関税額は、修正申告後の関税額（本来納付すべき関税額）から修正申告前の関税額（当初申告により納付した関税額）を控除して得た額である。

1　修正申告前の関税額（当初申告により納付した関税額）
　　4,500.25 kg
　　　↓　小数点以下 1 位未満の端数切捨て
　　4,500.2 kg × 106 円／kg ＝ 477,021 円（1 円未満の端数切捨て）
　　　　　　　　　　　↓　百円未満の端数切捨て
　　　　　　　　　477,000 円…①
2　修正申告後の関税額（本来納付すべき関税額）
　　5,500.25 kg
　　　↓　小数点以下 1 位未満の端数切捨て
　　5,500.2 kg × 106 円／kg ＝ 583,021 円（1 円未満の端数切捨て）
　　　　　　　　　　　↓　百円未満の端数切捨て
　　　　　　　　　583,000 円…②
3　修正申告により納付すべき関税額
　　② － ① ＝ 106,000 円

根拠規定：関法第 7 条の 14、第 13 条の 4、関法通達 13 の 4 － 2（本書 3 頁）

3　更正（更正請求）

問題 13　　次の２品目について、一の輸入（納税）申告書で申告したが、納税後において、下表のとおり適用税率に誤りがあることが判明し、関税法第７条の16の規定に基づき更正されることとなった。当該更正により結果として過納金となる額を計算しなさい。

品名	課税価格	当初申告の関税率	正しい関税率
A	3,610,000円	4.0%	3.0%
B	2,760,000円	6.0%	5.0%

問題 14　　次の貨物について輸入（納税）申告をしたが、納税後において、下表のとおり適用税率に誤りがあることが判明し、関税法第７条の16の規定に基づき更正されることとなった。当該更正により結果として過納金となる額を計算しなさい。

品名	じゅうたん
課税価格	43,000,000円
当初申告の関税率	13.4%
正しい関税率	8.4%

解答 13　　63,700 円

　更正により過納金となる額は、更正前の関税額（当初申告により納付した関税額）から、更正後の関税額（本来納付すべき関税額）を控除して得た額である。

1　当初申告により納付した関税額
　　A　3,610,000 円 × 4.0% ＝ 144,400 円…①
　　B　2,760,000 円 × 6.0% ＝ 165,600 円…②
　　① ＋ ② ＝ 310,000 円…③
2　本来納付すべき関税額
　　A　3,610,000 円 × 3.0% ＝ 108,300 円…④
　　B　2,760,000 円 × 5.0% ＝ 138,000 円…⑤
　　④ ＋ ⑤ ＝ 246,300 円…⑥
3　更正により過納金となる額
　　③ － ⑥ ＝ 63,700 円

根拠規定：関法第 7 条の 16 第 1 項

解答 14　　2,150,000 円

　更正により過納金となる額は、更正前の関税額（当初申告により納付した関税額）から更正後の関税額（本来納付すべき関税額）を控除して得た額である。

1　当初申告により納付した関税額
　　43,000,000 円 × 13.4% ＝ 5,762,000 円…①
2　本来納付すべき関税額
　　43,000,000 円 × 8.4% ＝ 3,612,000 円…②
3　更正により過納金となる額
　　① － ② ＝ 2,150,000 円

根拠規定：関法第 7 条の 16 第 1 項

問題 15　次の貨物について輸入（納税）申告をしたが、納税後において、下表のとおり輸入数量に誤りがあることが判明した。関税法第7条の15の規定に基づき更正の請求を行う場合に、関税更正請求書に記載すべき当該更正の請求により減少する関税額を計算しなさい。

品名	パスタ
当初申告の輸入数量	26,700.00kg
正しい輸入数量	16,700.00kg
適用税率	30円／kg

問題 16　オーバーコートについて輸入（納税）申告をしたが、納税後において、下表のとおり適用税率に誤りがあることが判明した。関税法第7条の15の規定に基づき更正の請求を行う場合に、関税更正請求書に記載すべき当該更正の請求により減少する関税額を計算しなさい。

課税価格	43,542,000円
当初申告の関税率	12.8％
正しい関税率	9.1％

解答 15　　300,000 円

　更正の請求により減少する関税額は、更正の請求前の関税額（当初申告により納付した関税額）から更正の請求後の関税額（本来納付すべき関税額）を控除して得た額である。

1　当初申告により納付した関税額
　　26,700 kg × 30 円／kg ＝ 801,000 円…①
2　本来納付すべき関税額
　　16,700 kg × 30 円／kg ＝ 501,000 円…②
3　更正の請求により減少する関税額
　　① － ② ＝ 300,000 円

根拠規定：関法第 7 条の 16、第 13 条の 4、関法通達 13 の 4 － 2（本書 3 頁）

解答 16　　1,611,000 円

　更正の請求により減少する関税額は、更正の請求前の関税額（当初申告により納付した関税額）から更正の請求後の関税額（本来納付すべき関税額）を控除して得た額である。

1　当初申告により納付した関税額
　　43,542,000 円 × 12.8% ＝ 5,573,376 円
　　　　　　　　　　　　　　↓　百円未満の端数切捨て
　　　　　　　　　　　　5,573,300 円…①
2　本来納付すべき関税額
　　43,542,000 円 × 9.1% ＝ 3,962,322 円
　　　　　　　　　　　　　↓　百円未満の端数切捨て
　　　　　　　　　　　3,962,300 円…②
3　更正の請求により減少する関税額
　　① － ② ＝ 1,611,000 円

根拠規定：関法第 7 条の 15、第 13 条の 4

4 延滞税

問題 17 　次の経緯で輸入の許可後に修正申告を行う場合に、納付すべき延滞税の基礎となる日数を計算しなさい。

令和6年8月9日 　　輸入の許可を受け、保税地域から輸入貨物を引き取る。

令和6年12月4日 　　修正申告を行い、未納関税額を全額納付する。

問題 18 　次の経緯で輸入の許可後に更正がされた場合に、納付すべき延滞税の基礎となる日数を計算しなさい。

令和6年1月19日 　　輸入の許可を受け、保税地域から輸入貨物を引き取る。

令和6年5月8日 　　更正がされ、未納関税額を全額納付する。

問題 19 　次の経緯で輸入（納税）申告をして許可を受けたが、許可後に適用税率が誤っていることが判明し、修正申告を行うこととなった。この場合に納付する延滞税の額を計算しなさい。
　なお、延滞税の税率は、年2.4％として計算しなさい。

輸入（納税）申告の日	令和6年5月9日
輸入の許可の日	令和6年5月10日
修正申告及び納付の日	令和6年7月8日
当初申告により納付した関税額	138,500円
修正申告後の関税額（本来納付すべき関税額）	147,500円

解答 17　117 日

　延滞税は、未納関税額の法定納期限の翌日から当該未納関税額を納付する日までの日数（延滞日数）に応じて課される。

　延滞日数は、法定納期限（輸入の許可の日の 8 月 9 日）の翌日から納付日までの日数である。

　8 月－ 22 日、9 月－ 30 日、10 月－ 31 日、11 月－ 30 日、12 月－ 4 日　計 117 日

根拠規定：関法第 12 条

解答 18　110 日

　延滞税は、未納関税額の法定納期限の翌日から当該未納関税額を納付する日までの日数（延滞日数）に応じて課される。

　延滞日数は、法定納期限（輸入の許可の日の 1 月 19 日）の翌日から納付日までの日数である。

　1 月－ 12 日、2 月－ 29 日、3 月－ 31 日、4 月－ 30 日、5 月－ 8 日　計 110 日

根拠規定：関法第 12 条

解答 19　0 円

　延滞税の計算の基礎となる関税額が 1 万円未満である場合には、延滞税に係る規定が適用されないので、延滞税は課されない。

　147,500 円 － 138,500 円 ＝ 9,000 円

根拠規定：関法第 12 条

問題 20　　次の経緯で輸入（納税）申告をして許可を受けたが、許可後に適用税率が誤っていることが判明し、修正申告を行うこととなった。この場合に納付する延滞税の額を計算しなさい。

なお、延滞税の税率は、年2.4％として計算しなさい。

輸入（納税）申告の日	令和 6 年 5 月16日
輸入の許可の日	令和 6 年 5 月17日
修正申告及び納付の日	令和 6 年 7 月26日
当初申告により納付した関税額	100,000円
修正申告後の関税額（本来納付すべき関税額）	200,000円

問題 21　　次の経緯で輸入の許可後に更正がされ、当該更正により納付すべき関税額が 570,000 円であった場合の延滞税の額を計算しなさい。

なお、延滞税の税率は、年2.4％として計算しなさい。

また、令和 6 年は閏年である。

令和 6 年 9 月18日	輸入の許可及び保税地域からの引取り
令和 6 年12月25日	更正及び未納関税額を全額納付

解答 20　　0 円

延滞税の額が千円未満の場合は、徴収されない。

1　延滞税の計算の基礎となる関税額
　　200,000 円 － 100,000 円 ＝ 100,000 円
2　延滞日数
　　5 月－ 14 日、6 月－ 30 日、7 月－ 26 日　計 70 日
3　延滞税の額
　　100,000 円 × 2.4% × 70 日 ÷ 365 日 ＝ 460 円（1 円未満の端数切捨て）
　　　　　　　　　　　　　　　　　↓　百円未満の端数切捨て
　　　　　　　　　　　　　　　400 円
　　　　　　　　　　（千円未満は徴収されない。）

根拠規定：関法第 12 条、附則第 6 項

解答 21　　3,600 円

延滞税は、未納関税額の法定納期限の翌日から当該未納関税額を納付する日までの日
数（延滞日数）に応じて課される。

なお、閏年も 1 年は 365 日で計算する（利率等の表示の年利建て移行に関する法律第
25 条）が、閏年の 2 月は 1 日から 29 日までの 29 日間である。

1　延滞日数
　　法定納期限（輸入の許可の日の 9 月 18 日）の翌日から納付日までである。
　　9 月－ 12 日、10 月－ 31 日、11 月－ 30 日、12 月－ 25 日　計 98 日
2　延滞税の額
　　570,000 円 × 2.4% × 98 日 ÷ 365 日 ＝ 3,672 円（1 円未満の端数切捨て）
　　　　　　　　　　　　　　　　↓　百円未満の端数切捨て
　　　　　　　　　　　　　　　3,600 円

根拠規定：関法第 12 条、附則第 6 項

問題 22　次の経緯で輸入の許可を受けた後に修正申告を行い、当該修正申告により納付すべき関税額として 6,270,000 円を納付することとなった。この場合に、当該関税額に併せて納付すべき延滞税の額を計算しなさい。

　　なお、延滞税の税率は、年2.4%として計算しなさい。

　　　令和6年5月10日　　　輸入（納税）申告及び輸入の許可の日
　　　令和6年6月14日　　　修正申告及び未納関税額を全額納付した日

5　加算税

問題 23　外国貨物について輸入（納税）申告をしたが、納税後において、納付した関税額が誤っていることが社内調査の結果判明し、書面により備付け及び保存がされている関税関係帳簿に記載されている事項に関し、修正申告をすることになった。当該修正申告により増差税額 289,000 円を納付する場合の過少申告加算税の額を計算しなさい。

　　なお、当該修正申告は、その申告に係る関税について更正があるべきことを予知してされたものではなく、また、税関からその申告に係る関税につき調査を行う旨の通知は受けていない。

解答 22　　14,400 円

　延滞税は、法定納期限までに納付されていない未納関税額がある場合に、当該未納関税額を基礎としてその法定納期限の翌日から納付の日までの日数に応じ延滞税の税率を乗じて計算される。

1　延滞税の額の計算の基礎となる関税額
　6,270,000 円
2　延滞日数　　法定納期限（輸入の許可の日の5月10日）の翌日から納付の日までの日数
　5 月－ 21 日、6 月－ 14 日　計 35 日
3　延滞税の額
　6,270,000 円× 2.4%　× 35 日　÷ 365 日 ＝ 14,429 円（1 円未満の端数切捨て）
　　　　　　　　　　　　　　　↓　百円未満の端数切捨て
　　　　　　　　　　　　　14,400 円

根拠規定：関法第 12 条、附則第 6 項

解答 23　　0 円

　更正があるべきことを予知せず、税関からの調査通知がある前に自主的に行われた修正申告により納付すべき関税については、過少申告加算税は課されない。

根拠規定：関法第 12 条の 2 第 5 項

☐☐☐☐ 問題 24　外国貨物について輸入（納税）申告をしたが、納税（関税額
100,000 円）後において、税関による関税についての調査に基づく
指摘により、納付した関税額の計算に誤りがあることが判明し、書
面により備付け及び保存がされている関税関係帳簿に記載されてい
る事項に関し、修正申告をすることになった。当該修正申告により
納付すべき関税額（96,500 円）に課されることとなる場合の過少申
告加算税の額を計算しなさい。

☐☐☐☐ 問題 25　外国貨物について輸入（納税）申告をしたが、納税（関税額
100,000 円）後において、税関による関税についての調査に基づく
指摘により、納付した関税額の計算に誤りがあることが判明し、書
面により備付け及び保存がされている関税関係帳簿に記載されてい
る事項に関し、修正申告をすることになった。当該修正申告により
納付すべき関税額（600,000 円）に課されることとなる場合の過少
申告加算税の額を計算しなさい。

解答 24　　9,000 円

　税関の調査の結果として行った修正申告であり、更正があるべきことを予知したものであるため、10%の過少申告加算税が当該修正申告により納付すべき関税額に対し課される（当該納付すべき関税額が、当初申告により納付した税額より多い 50 万円を超えないため、5%の加重はない。）。

96,500 円
　↓　1 万円未満の端数切捨て
90,000 円　×　10%　=　9,000 円

根拠規定：関法第 12 条の 2 第 1 項

解答 25　　65,000 円

　税関の調査の結果修正申告をした場合は、更正があるべきことを予知して行ったこととなるので、過少申告加算税の税率は 10%である。また、修正申告により納付すべき税額が、当初申告により納付した税額より多い 50 万円を超えるため、その超える部分に 5%が加重される。

600,000 円　×　10%　=　60,000 円　…①
（600,000 円　-　500,000 円）×　5%　=　5,000 円　…②
①　+　②　=　65,000 円

根拠規定：関法第 12 条の 2 第 1 項、第 2 項

問題 26　A社は、納税申告が必要とされている貨物につきその輸入の時までに納税申告をしなかったため、税関長の決定により関税額30万円を納付することとなった。この場合において、A社は無申告加算税を課されることとなったが、その無申告加算税の額を計算しなさい。

なお、A社は、当該決定があった日の前日から起算して5年前の日までの間に、関税について無申告加算税又は重加算税は課されていない。また、当該貨物の輸入の日の属する年の前年及び前々年に輸入した貨物に係る関税について、無申告加算税又は重加算税は課されておらず、無申告加算税又は重加算税に係る賦課決定をすべきと認められてもいない。

問題 27　B社は、納税申告が必要とされている貨物につきその輸入の時までに納税申告をしなかったため、書面により保存がされている関税関係書類に記載されている事項に関し、税関長の決定により関税額50万円を納付することとなった。当該決定は、B社が納付すべき税額の計算の基礎となるべき事実の全部を隠蔽したことに基づき行われたものであり、B社は無申告加算税に代えて重加算税を課されることとなったが、その重加算税の額を計算しなさい。

なお、B社は、当該決定があった日の前日から起算して5年前の日までの間に、関税について無申告加算税又は重加算税は課されていない。また、当該貨物の輸入の日の属する年の前年及び前々年に輸入した貨物に係る関税について、無申告加算税又は重加算税は課されておらず、無申告加算税又は重加算税に係る賦課決定をすべきと認められてもいない。

解答 26　　45,000 円

　決定を受けた場合の無申告加算税の税率は 15% となる（決定により納付する税額が 50 万円を超えないので、5% の加重はない。）。

　300,000 円　×　15%　=　45,000 円

根拠規定：関法第 12 条の 3 第 1 項

解答 27　　200,000 円

　決定により納付すべき税額には、本来無申告加算税が課されるが、本問題は、納付すべき税額の計算の基礎となるべき事実の全部を隠蔽したことにより、無申告加算税に代えて重加算税が課される設定であり、その場合の税率は 40% である。

　500,000 円　×　40%　=　200,000 円

根拠規定：関法第 12 条の 4 第 2 項

■ Level 2　基礎レベル（その2）

1　税額計算

問題 28　次の貨物について、輸入（納税）申告により納付すべき関税額を計算しなさい。

品名	ミルク
課税価格	495,500円
輸入数量	7,800.85kg
適用税率	21.3%　＋　635円／kg

問題 29　カナダ（協定税率適用国）から輸入する次の貨物について輸入（納税）申告を行う場合に、納付すべき関税額を計算しなさい。

品名	A
課税価格	450,000円
適用税率	基本税率　10.4% 協定税率　7.6%

解答 28　　5,058,900 円

　輸入（納税）申告により納付すべき関税額は、従価税率で計算して得た関税額と従量税率で計算して得た関税額を合計した額である。

1　従価税率による関税額
　　495,500 円
　　　↓　千円未満の端数切捨て
　　495,000 円　×　21.3%　＝　105,435 円…①
2　従量税率による関税額
　　7,800.85 kg
　　　↓　小数点以下1位未満の端数切捨て
　　7,800.8 kg　×　635 円／kg　＝　4,953,508 円…②
3　輸入（納税）申告すべき関税額
　　①　＋　②　＝　5,058,943 円
　　　　　　　↓　百円未満の端数切捨て　（注）
　　　　　　5,058,900 円

（注）　従価・従量税の場合の関税額は、それぞれの関税率で計算して得た関税額の合計額から百円未満の端数を切り捨てた額である。

根拠規定：関法第7条、第13条の4、関法通達13の4－2（本書3頁）

解答 29　　34,200 円

　協定税率適用国からの輸入貨物に対しては、原則として協定税率を適用するが、基本税率が協定税率より低いか又は同一の場合には、基本税率を適用する。
　納付すべき関税額は、課税価格に関税率を乗じて得た額である。

　450,000 円　×　7.6%　＝　34,200 円

根拠規定：関法第3条、第7条

問題 30　中華人民共和国（協定税率適用国）から輸入する次の貨物について輸入（納税）申告を行う場合に、納付すべき関税額を計算しなさい。

品名	A
課税価格	630,000円
関税率	協定税率　9.8% 暫定税率　4.6%

問題 31　米国（協定税率適用国）から輸入する次の貨物について輸入（納税）申告を行う場合に、納付すべき関税額、消費税額及び地方消費税額の合計額を計算しなさい。なお、当該貨物に適用する消費税の税率は 6.24%、地方消費税の税率は消費税額の 22/78 とする。

品名	A
課税価格	730,658円
関税率	基本税率　8.4% 協定税率　5.6% 暫定税率　4.8%

解答 30　28,900 円

協定税率と暫定税率がある場合に、暫定税率が協定税率と同じか又は協定税率より低い場合は、暫定税率を適用する。

納付すべき関税額は、課税価格に関税率を乗じて得た額である。

630,000 円 × 4.6% = 28,980 円
　　　　　　　↓　百円未満の端数切捨て
　　　　　　　28,900 円

根拠規定：関法第 3 条、第 7 条、第 13 条の 4

解答 31　96,100 円

一の品目につき、基本税率、協定税率及び暫定税率が設定されている場合には、暫定税率が設定されているので基本税率の適用はなく、暫定税率が協定税率と同じか又は協定税率より低い場合は、暫定税率を適用する。

1　納付すべき関税額
730,658 円
　↓　千円未満の端数切捨て
730,000 円 × 4.8% = 35,040 円
　　　　　　　　↓　百円未満の端数切捨て
　　　　　　　　35,000 円

2　納付すべき消費税額
730,658 円（端数処理前の課税価格）+ 35,000 円（端数処理後の関税額）
　= 765,658 円
　　　　↓　千円未満の端数切捨て
　　765,000 円 × 6.24% = 47,736 円
　　　　　　　　　↓　百円未満の端数切捨て
　　　　　　　　　47,700 円

3　納付すべき地方消費税額
47,700 円（端数処理後の消費税額）× 22 ÷ 78 = 13,453 円（1 円未満の端数切捨て）
　　　　　　　　　　↓　百円未満の端数切捨て
　　　　　　　　　　13,400 円

4　合計額
35,000 円 + 47,700 円 + 13,400 円 = 96,100 円

根拠規定：関法第 3 条、第 7 条、第 13 条の 4、国税通則法第 118 条第 1 項、第 119 条第 1 項、地方税法第 20 条の 4 の 2 第 3 項、第 72 条の 82

2　修正申告

問題 32　　次の2品目について、一の輸入（納税）申告書で申告し許可を受けたが、納税後において、次のとおり1品目の関税額が過少であることが判明し、修正申告をすることとなった。当該修正申告により納付すべき関税額を計算しなさい。

品名	修正申告前の関税額 （端数処理前）	修正申告後の関税額 （端数処理前）
A	123,000円	123,000円
B	25,300円	27,650円

問題 33　　次の2品目について、一の輸入（納税）申告書で申告し許可を受けたが、納税後において、次のとおり関税額が過少であることが判明し、修正申告をすることとなった。当該修正申告により納付すべき関税額を計算しなさい。

品名	修正申告前の関税額 （端数処理前）	修正申告後の関税額 （端数処理前）
A	120,365円	123,000円
B	25,635円	27,650円

解答 32　　2,300 円

　修正申告により納付すべき関税額は、修正申告後の関税額（本来納付すべき関税額）から修正申告前の関税額（当初申告により納付した関税額）を控除して得た額である。

1　修正申告前の関税額（当初申告により納付した関税額）

　　A　123,000 円
　　B　　25,300 円
　　計　148,300 円
　　　　　↓　百円未満の端数切捨て（本問題の場合は不要）
　　　　148,300 円…①

2　修正申告後の関税額（本来納付すべき関税額）

　　A　123,000 円
　　B　　27,650 円
　　計　150,650 円
　　　　　↓　百円未満の端数切捨て
　　　　150,600 円…②

3　修正申告により納付すべき関税額

　　② － ① ＝ 2,300 円

根拠規定：関法第 7 条の 14、第 13 条の 4

解答 33　　4,600 円

1　修正申告前の関税額（当初申告により納付した関税額）

　　A　120,365 円
　　B　　25,635 円
　　計　146,000 円
　　　　　↓　百円未満の端数切捨て（本問題の場合は不要）
　　　　146,000 円…①

2　修正申告後の関税額（本来納付すべき関税額）

　　A　123,000 円
　　B　　27,650 円
　　計　150,650 円
　　　　　↓　百円未満の端数切捨て
　　　　150,600 円…②

3　修正申告により納付すべき関税額

　　② － ① ＝ 4,600 円

根拠規定：関法第 7 条の 14、第 13 条の 4

問題 34　次の2品目について、一の輸入（納税）申告書で申告し許可を受けたが、許可後において、次のとおり適用税率が誤っていることが判明し、修正申告をすることとなった。当該修正申告により納付すべき関税額を計算しなさい。

品名	課税価格	当初申告の関税率	正しい関税率
A	426,580円	5.5%	10.5%
B	511,250円	6.2%	8.2%

解答 34　　31,500 円

1　修正申告前の関税額（当初申告により納付した関税額）

A　426,580 円
↓　千円未満の端数切捨て
426,000 円 × 5.5% = 23,430 円…①

B　511,250 円
↓　千円未満の端数切捨て
511,000 円 × 6.2% = 31,682 円…②

① + ② = 55,112 円
↓　百円未満の端数切捨て
55,100 円…③

2　修正申告後の関税額（本来納付すべき関税額）

A　426,580 円
↓　千円未満の端数切捨て
426,000 円 × 10.5% = 44,730 円…④

B　511,250 円
↓　千円未満の端数切捨て
511,000 円 × 8.2% = 41,902 円…⑤

④ + ⑤ = 86,632 円
↓　百円未満の端数切捨て
86,600 円…⑥

3　修正申告により納付すべき関税額

⑥ － ③ = 31,500 円

（参考 1）　当初申告の関税率と正しい関税率との差を課税価格に乗じるのは、誤りとなる場合があるので、修正申告前の関税額と修正申告後の関税額の両方を計算し、その差額を出す必要がある。

（参考 2）　1 申告で関税率が異なる複数品目がある場合は、それぞれ計算した関税額（端数処理前のもの）を合計した上で、100 円未満の端数を切り捨てる。

根拠規定：関法第 7 条の 14、第 13 条の 4

問題 35　　次の2品目について、一の輸入（納税）申告書で申告し許可を受けたが、許可後において、次のとおり申告価格が誤っていることが判明し、修正申告をすることとなった。当該修正申告により納付すべき関税額を計算しなさい。

品名	当初申告の課税価格	正しい課税価格	適用関税率
A	426,580円	500,980円	5.5%
B	511,250円	608,100円	6.2%

解答 35　　10,000 円

1　修正申告前の関税額（当初申告により納付した関税額）

　A　426,580 円

　　　↓　千円未満の端数切捨て

　　426,000 円 × 5.5% ＝ 23,430 円…①

　B　511,250 円

　　　↓　千円未満の端数切捨て

　　511,000 円 × 6.2% ＝ 31,682 円…②

　① ＋ ② ＝ 55,112 円

　　　　　↓　百円未満の端数切捨て

　　　　55,100 円…③

2　修正申告後の関税額（本来納付すべき関税額）

　A　500,980 円

　　　↓　千円未満の端数切捨て

　　500,000 円 × 5.5% ＝ 27,500 円…④

　B　608,100 円

　　　↓　千円未満の端数切捨て

　　608,000 円 × 6.2% ＝ 37,696 円…⑤

　④ ＋ ⑤ ＝ 65,196 円

　　　　　↓　百円未満の端数切捨て

　　　　65,100 円…⑥

3　修正申告により納付すべき関税額

　⑥ － ③ ＝ 10,000 円

根拠規定：関法第 7 条の 14、第 13 条の 4

問題 36　次の2品目について、一の輸入（納税）申告書で申告し許可を受けたが、許可後において、次のとおり1品目の申告価格が誤っていることが判明し、修正申告をすることとなった。当該修正申告により納付すべき関税額を計算しなさい。

品名	当初申告の課税価格	正しい課税価格	適用関税率
A	246,850円	401,850円	5.5%
B	501,520円	501,520円	6.2%

解答36　　8,600 円

1　修正申告前の関税額（当初申告により納付した関税額）

　　A　246,850 円

　　　　　↓　千円未満の端数切捨て

　　　　246,000 円 × 5.5% = 13,530 円…①

　　B　501,520 円

　　　　　↓　千円未満の端数切捨て

　　　　501,000 円 × 6.2% = 31,062 円…②

　　① + ② = 44,592 円

　　　　　　　↓　百円未満の端数切捨て

　　　　　　44,500 円…③

2　修正申告後の関税額（本来納付すべき関税額）

　　A　401,850 円

　　　　　↓　千円未満の端数切捨て

　　　　401,000 円 × 5.5% = 22,055 円…④

　　B　課税価格及び適用関税率に変更がないので、31,062 円…⑤

　　④ + ⑤ = 53,117 円

　　　　　　　↓　百円未満の端数切捨て

　　　　　　53,100 円…⑥

3　修正申告により納付すべき関税額

　　⑥ - ③ = 8,600 円

根拠規定：関法第 7 条の 14、第 13 条の 4

問題 **37**　次の3品目について、一の輸入（納税）申告書で申告し許可を受けたが、納税後において、次のとおり関税額が過少であることが判明し、修正申告をすることとなった。修正申告により納付すべき関税額を計算しなさい。

品名	修正申告前の関税額 （端数処理前）	修正申告後の関税額 （端数処理前）
A	120,365円	123,893円
B	25,635円	27,650円
C	36,432円	45,368円

3　更正（更正請求）

問題 **38**　次の2品目について、一の輸入（納税）申告書で申告し許可を受けたが、納税後において、次のとおり適用税率に誤りがあることが判明し、関税法第7条の16の規定に基づき更正されることとなった。当該更正により結果として過納金となる額を計算しなさい。

品名	課税価格	当初申告の関税率	正しい関税率
A	4,320,000円	10.0%	5.0%
B	1,230,000円	3.0%	5.0%

解答 37　14,500 円

1　修正申告前の関税額（当初申告により納付した関税額）
　　A　120,365 円
　　B　25,635 円
　　C　36,432 円
　　計　182,432 円
　　　　　↓　百円未満の端数切捨て
　　　182,400 円…①

2　修正申告後の関税額（本来納付すべき関税額）
　　A　123,893 円
　　B　27,650 円
　　C　45,368 円
　　計　196,911 円
　　　　　↓　百円未満の端数切捨て
　　　196,900 円…②

3　修正申告により納付すべき関税額
　　② － ① = 14,500 円

根拠規定：関法第 7 条の 14、第 13 条の 4

解答 38　191,400 円

　更正により過納金となる額は、更正前の関税額（当初申告により納付した関税額）から、更正後の関税額（本来納付すべき関税額）を控除して得た額である。

1　当初申告により納付した関税額
　　A　4,320,000 円 × 10.0% = 432,000 円…①
　　B　1,230,000 円 × 3.0% = 36,900 円…②
　　① + ② = 468,900 円…③

2　本来納付すべき関税額
　　A　4,320,000 円 × 5.0% = 216,000 円…④
　　B　1,230,000 円 × 5.0% = 61,500 円…⑤
　　④ + ⑤ = 277,500 円…⑥

3　更正により過納金となる額
　　③ － ⑥ = 191,400 円

根拠規定：関法第 7 条の 16 第 1 項

問題 39　　次の 2 品目について、一の輸入（納税）申告書で申告し許可を受けたが、納税後において、次のとおり適用関税率に誤りがあることが判明したため、関税法第 7 条の 15 の規定に基づき更正の請求を行うこととした。関税更正請求書に記載すべき当該更正の請求により減少する関税額を計算しなさい。

品名	課税価格	当初申告の関税率	正しい関税率
A	4,317,000円	3.4%	2.8%
B	1,865,000円	6.4%	5.3%

解答 39　　46,400 円

更正の請求により減少する関税額は、更正の請求前の関税額（当初申告により納付した関税額）から、更正の請求後の関税額（本来納付すべき関税額）を控除して得た額である。

1　当初申告により納付した関税額
　　A　4,317,000 円 × 3.4% ＝ 146,778 円…①
　　B　1,865,000 円 × 6.4% ＝ 119,360 円…②
　　① ＋ ② ＝ 266,138 円
　　　　　　　　　↓　百円未満の端数切捨て
　　　　　　　266,100 円…③
2　本来納付すべき関税額
　　A　4,317,000 円 × 2.8% ＝ 120,876 円…④
　　B　1,865,000 円 × 5.3% ＝ 98,845 円…⑤
　　④ ＋ ⑤ ＝ 219,721 円
　　　　　　　　　↓　百円未満の端数切捨て
　　　　　　　219,700 円…⑥
3　更正の請求により減少する関税額
　　③ － ⑥ ＝ 46,400 円

根拠規定：関法第 7 条の 15、第 13 条の 4

問題 40　　次の２品目について、一の輸入（納税）申告書で申告し許可を受けたが、納税後において、次のとおり課税価格に誤りがあることが判明し、関税法第7条の16の規定に基づき更正されることとなった。当該更正により結果として過納金となる額を計算しなさい。

品名	当初申告の課税価格	正しい課税価格	適用税率
A	3,510,000円	2,281,500円	2.5%
B	2,850,000円	1,852,500円	5.2%

解答 40　　82,600 円

1　当初申告により納付した関税額

　A　3,510,000 円 × 2.5% ＝ 87,750 円…①

　B　2,850,000 円 × 5.2% ＝ 148,200 円…②

　① ＋ ② ＝ 235,950 円

　　　　　　↓　百円未満の端数切捨て

　　　　　235,900 円…③

2　本来納付すべき関税額

　A　2,281,500 円

　　　　　↓　千円未満の端数切捨て

　　　2,281,000 円 × 2.5% ＝ 57,025 円…④

　B　1,052,500 円

　　　　　↓　千円未満の端数切捨て

　　　1,852,000 円 × 5.2% ＝ 96,304 円…⑤

　④ ＋ ⑤ ＝ 153,329 円

　　　　　　↓　百円未満の端数切捨て

　　　　　153,300 円…⑥

3　更正により過納金となる関税額

　③ － ⑥ ＝ 82,600 円

根拠規定：関法第 7 条の 16 第 1 項、第 13 条の 4

Level

2

基礎レベル

4 延滞税

問題 41　次の経緯で輸入の許可後に修正申告を行い、当該修正申告により納付すべき関税額が5,079,000円であった場合の延滞税の額を計算しなさい。

なお、延滞税の税率は、年2.4%として計算しなさい。

令和6年8月16日	輸入の許可
令和6年8月23日	保税地域から引取り
令和6年11月29日	修正申告をする旨の口頭による申出
令和6年12月2日	修正申告及び未納関税額を全額納付

問題 42　外国貨物について、次の経緯で輸入(納税)申告をし許可を受けたが、許可後において、適用税率が誤っていることが判明し、修正申告を行うこととなった。当該修正申告により納付すべき関税額及び延滞税の額を計算しなさい。

なお、延滞税の税率は、年2.4%として計算しなさい。

輸入申告及び輸入の許可の日	令和6年8月2日
修正申告及び未納関税額の全額納付の日	令和6年11月8日
課税価格	456,000円
当初申告時の関税率	7.6%
修正申告時の関税率	9.5%

解答 41　36,000 円

　延滞税は、未納関税額の法定納期限の翌日から当該未納関税額を納付する日までの日数（延滞日数）に応じて課される。

　なお、保税地域からの引取りの日及び修正申告をする旨の口頭による申出の日は納期限の計算には関係しない。

1　延滞日数
　　法定納期限（輸入の許可の日の8月16日）の翌日から納付日までである。
　　8月－15日、9月－30日、10月－31日、11月－30日、12月－2日　計108日
2　延滞税の額
　　5,079,000 円
　　　↓　1万円未満の端数切捨て
　　5,070,000 円 × 2.4% × 108 日 ÷ 365 日 ＝ 36,003 円（1円未満の端数切捨て）
　　　　　　　　　　　　　　　　↓　百円未満の端数切捨て
　　　　　　　　　　　　　　　36,000 円

根拠規定：関法第7条の14、第12条、第13条の4、附則第6項

解答 42　関税額　　8,700 円
　　　　　　延滞税額　　0 円

1　修正申告前の関税額（当初申告により納付した関税額）
　　456,000 円 × 7.6% ＝ 34,656 円
　　　　　　　　↓　百円未満の端数切捨て
　　　　　　　34,600 円…①
2　修正申告後の関税額（本来納付すべき関税額）
　　456,000 円 × 9.5% ＝ 43,320 円
　　　　　　　　↓　百円未満の端数切捨て
　　　　　　　43,300 円…②
3　修正申告により納付すべき関税額
　　② － ① ＝ 8,700 円

　延滞税の計算において、延滞税の計算の基礎となる関税額が1万円未満である場合には、延滞税に係る規定を適用しない。

根拠規定：関法第7条の14、第12条、第13条の4

問題 **43**　次の経緯で輸入の許可後に更正がされ、当該更正により納付すべき関税額として 6,273,800 円を納付することとなった。この場合に、当該関税額に併せて納付すべき延滞税の額を計算しなさい。
　　　なお、延滞税の税率は、年2.4％として計算しなさい。

　　　令和6年6月3日　　　輸入（納税）申告及び輸入の許可の日
　　　令和6年9月2日　　　更正及び未納関税額を全額納付した日

解答 43　　37,500 円

　延滞税は、法定納期限までに納付されていない未納関税額がある場合に、当該未納関税額を基礎としてその法定納期限の翌日から納付の日までの日数（延滞日数）に応じ延滞税の税率を乗じて計算される。

1　延滞税の額の計算の基礎となる関税額
　6,273,800 円
　　　↓　1 万円未満の端数切捨て
　6,270,000 円

2　延滞日数
　法定納期限（輸入の許可の日の 6 月 3 日）の翌日から納付の日までの日数
　6 月－ 27 日、7 月－ 31 日、8 月－ 31 日、9 月－ 2 日　計 91 日

3　延滞税の額
　6,270,000 円× 2.4%　×　91 日　÷ 365 日 ＝ 37,516 円（1 円未満の端数切捨て）
　　　　　　　　　　　　　↓　百円未満の端数切捨て
　　　　　　　　　　　　37,500 円

根拠規定：関法第 12 条、附則第 6 項

Level 2 基礎レベル

問題 **44**　次の経緯で輸入の許可後に修正申告を行い、当該修正申告により納付すべき関税額として5,379,900円を納付することとなった。この場合に、当該関税額に併せて納付すべき延滞税の額を計算しなさい。

なお、延滞税の税率は、年2.4％として計算しなさい。

令和6年5月8日　　輸入（納税）申告及び輸入の許可の日
令和6年6月10日　　修正申告及び未納関税額を全額納付した日

問題 **45**　次の経緯で輸入の許可後に更正がされ、当該更正により納付すべき関税額として370,000円を納付することとなった。この場合に、当該関税額に併せて納付すべき延滞税の額を計算しなさい。

なお、延滞税の税率は、年2.4％として計算しなさい。

令和6年5月10日　　輸入（納税）申告及び輸入の許可の日
令和6年8月7日　　更正及び未納関税額を全額納付した日

解答 44　　11,600 円

　延滞税は、法定納期限までに納付されていない未納関税額がある場合に、当該未納関税額を基礎としてその法定納期限の翌日から納付の日までの日数（延滞日数）に応じ延滞税の税率を乗じて計算される。

1　延滞税の額の計算の基礎となる関税額
　　5,379,900 円
　　　　　↓　1 万円未満の端数切捨て
　　5,370,000 円
2　延滞日数
　　法定納期限（輸入の許可の日の 5 月 8 日）の翌日から起算して納付の日までの日数
　　6 月 − 23 日、6 月 − 10 日　計 33 日
3　延滞税の額
　　5,370,000 円 × 　2.4% 　× 33 日 ÷ 365 日 ＝ 11,652 円（1 円未満の端数切捨て）
　　　　　　　　　　　　　　　　　↓　百円未満の端数切捨て
　　　　　　　　　　　　　　　　11,600 円

根拠規定：関法第 12 条、附則第 6 項

解答 45　　2,100 円

　延滞税は、法定納期限までに納付されていない未納関税額がある場合に、当該未納関税額を基礎としてその法定納期限の翌日から納付の日までの日数（延滞日数）に応じ延滞税の税率を乗じて計算される。

1　延滞税の額の計算の基礎となる関税額
　　370,000 円
2　延滞日数
　　法定納期限（輸入の許可の日の 5 月 10 日）の翌日から起算して納付の日までの日数
　　5 月 − 21 日、6 月 − 30 日、7 月 − 31 日、8 月 − 7 日　計 89 日
3　延滞税の額
　　370,000 円 × 　2.4% 　× 89 日 ÷ 365 日 ＝ 2,165 円（1 円未満の端数切捨て）
　　　　　　　　　　　　　　　　↓　　百円未満の端数切捨て
　　　　　　　　　　　　　　　　2,100 円

根拠規定：関法第 12 条、附則第 6 項

Level

2

基礎レベル

問題 46　外国貨物について、次の経緯で輸入（納税）申告をし許可を受けたが、許可後において、適用税率が誤っていることが判明し、修正申告を行うこととなった。当該修正申告により納付すべき関税額及び延滞税の額の合計額を計算しなさい。

なお、延滞税の税率は、年2.4％として計算しなさい。

輸入申告の日	令和6年7月25日
輸入の許可の日	令和6年7月26日
修正申告及び関税を全額納付の日	令和6年11月8日
課税価格	5,950,000円
当初申告の関税率	6.5％
修正申告の関税率	10.0％

5　加算税

問題 47　外国貨物について輸入（納税）申告をしたが、納税（関税額600,000円）後において、税関から当該輸入（納税）申告について調査を行う旨の通知があったため社内調査を行ったところ、納付した関税額に誤りのあることが判明し、税関の実地調査が始まる前に、書面により備付け及び保存がされている関税関係帳簿に記載されている事項に関し、修正申告を行うこととした。

当該修正申告により納付すべき関税額（336,000円）に過少申告加算税が課されることとなったが、その過少申告加算税の額を計算しなさい。

解答 46　　209,600 円

　修正申告により納付すべき関税額は、修正申告後の関税額（本来納付すべき関税額）から修正申告前の関税額（当初申告により納付した関税額）を控除して得た額である。

1　修正申告前の関税額（当初申告により納付した関税額）

　5,950,000 円 × 6.5% = 386,750 円

　　　　　　　　　　　　↓　百円未満の端数切捨て

　　　　　　　　　　　　386,700 円…①

2　修正申告後の関税額（本来納付すべき関税額）

　5,950,000 円 × 10.0% = 595,000 円…②

3　納付すべき関税額

　② － ① ー 208,300 円　③

4　延滞税の計算

　延滞日数　7 月－ 5 日、8 月－ 31 日、9 月－ 30 日、10 月－ 31 日、11 月－ 8 日
　　　　　　計 105 日

　未納関税額　208,300 円

　　　　　　↓　1 万円未満の端数切捨て

　　　　　　200,000 円 × 2.4% × 105 日 ÷ 365 日 = 1,380 円（1 円未満の端数切捨て）

　　　　　　　　　百円未満の端数切捨て　　↓

　　　　　　　　　　　　　　1,300 円…④

5　納付すべき関税額と延滞税額の合計

　③ ＋ ④ = 209,600 円

根拠規定：関法第 7 条の 14、第 12 条、第 13 条の 4、附則第 6 項

解答 47　　16,500 円

　本問題の修正申告は、税関からの調査通知があった後に、実地調査前に自主的に行われたものであることから、更正があるべきことを予知したのものではないため、過少申告加算税の税率は 5% となる（当該修正申告により納付すべき税額が、50 万円より多い当初申告により納付した税額を超えないので、5% の加重はない。）。

　336,000 円

　　　↓　1 万円未満の端数切捨て

　330,000 円 × 5% = 16,500 円

根拠規定：関法第 12 条の 2 第 1 項かっこ書

問題 **48**　　C社は、納税申告が必要とされている貨物につきその輸入の時までに納税申告をしなかったため、税関長の決定により関税額500万円を納付することとなった。この場合において、C社は無申告加算税を課されることとなったが、その無申告加算税の額を計算しなさい。

　　なお、C社は、当該決定があった日の前日から起算して5年前の日までの間に、関税について無申告加算税又は重加算税は課されていない。また、当該貨物の輸入の日の属する年の前年及び前々年に輸入した貨物に係る関税について、無申告加算税又は重加算税は課されておらず、無申告加算税又は重加算税に係る賦課決定をすべきと認められてもいない。

解答48　　1,175,000 円

1　通常の計算方法によれば、決定により納付すべき税額には、税率が 15% の無申告加算税が課され、50 万円を超える部分に 5 ％が加重される。しかしながら、加算後累積納付税額が 300 万円を超えるときは、通常の計算方法によることなく、加算後累積納付税額及び累積納付税額について、それぞれ次の区分により計算した合計額の差額が無申告加算税の額となる（かっこ内は、期限後特例申告書の提出又は期限後特例申告書の提出・決定後の修正申告が更正・決定を予知してされたものでない場合の税率）。

- 50 万円以下の部分に 15%（10%）を乗じる。
- 50 万円を超え 300 万円以下の部分に 20%（15%）を乗じる。
- 300 万円を超える部分に 30%（25%）を乗じる。

2　決定により 500 万円を納付する場合は、累積納付税額はなく、500 万円が加算後累積納付税額となることから、次により計算した合計額が無申告加算税額となる。

50 万円 × 15% ＝ 75,000 円
250 万円 × 20% ＝ 500,000 円
200 万円 × 30% ＝ 600,000 円　　　合計 1,175,000 円

（参考）

累積納付税額：無申告加算税が課される基因となった修正申告又は更正の前にされたその関税についての期限後特例申告書の提出、決定、修正申告又は更正により納付すべき税額の合計額

加算後累積納付税額：無申告加算税が課される基因となった期限後特例申告書の提出、決定、修正申告又は更正により納付すべき税額（累積納付税額があるときは、これを加算した金額）

根拠規定：関法第 12 条の 3 第 3 項

■ Level 3　発展レベル

1　税額計算

問題49　税関長の承認を受けて総合保税地域に置かれた外国貨物を、次の経緯で輸入する場合に、当該外国貨物について納付すべき関税額を計算しなさい。

課税価格	574,000円
総合保税地域に置くことの承認を受けた日	
	令和6年3月8日
輸入（納税）申告の日	令和6年3月14日
輸入の許可前貨物引取り承認申請及び承認の日	
	令和6年3月15日
輸入の許可の日	令和6年4月3日
当該貨物に適用される関税率	令和6年3月31日まで　12.6%
	令和6年4月1日から　　8.6%

問題50　税関長の承認を受けて保税蔵置場に置かれた外国貨物を、次の経緯で輸入する場合に、当該外国貨物について納付すべき関税額を計算しなさい。

課税価格	478,963円
輸入（納税）申告の日	令和6年3月11日
輸入の許可の日	令和6年4月4日
当該貨物に適用される関税率	令和6年3月31日まで　10.6%
	令和6年4月1日から　　6.6%

解答 49　72,300 円

　関税を課す場合に適用すべき税率は、原則として輸入申告の日において適用される税率である。

　ただし、税関長の承認を受けて保税蔵置場若しくは総合保税地域に置かれた外国貨物又は保税作業による製品である外国貨物であって、輸入申告の後、輸入の許可前における貨物の引取りの承認を受けて引き取られるものについては、税率改正が当該承認の日前に行われた場合は改正後の税率によるが、税率改正が当該承認の日以降に行われた場合は，原則どおり，輸入申告の日において適用される税率（改正前の税率）による。

　574,000 円 × 12.6% = 72,324 円
　　　　　　　　　↓　百円未満の端数切捨て
　　　　　　　　72,300 円

根拠規定：関法第 5 条、第 7 条、第 13 条の 4

解答 50　31,500 円

　関税を課す場合に適用すべき税率は、原則として輸入申告の日において適用される税率である。

　ただし、税関長の承認を受けて保税蔵置場若しくは総合保税地域に置かれた外国貨物又は保税作業による製品である外国貨物の輸入申告の後、税率改正が輸入の許可の日前に行われた場合は改正後の税率による。

　課税価格　478,963 円
　　　　　　↓　千円未満の端数切捨て
　　　478,000 円 × 6.6% = 31,548 円
　　　　　　　　　↓　百円未満の端数切捨て
　　　　　　　　31,500 円

根拠規定：関法第 5 条、第 7 条、第 13 条の 4

問題 51　　次の2品目について、一の輸入（納税）申告書で申告を行う場合に、納付すべき関税額、消費税額及び地方消費税額の合計額を計算しなさい。

品名	課税価格	関税率	消費税率	地方消費税率
A	34,550円	8.0%	7.8%	消費税額の22/78
B	20,380円	12.0%	6.24%	

解答 51　　10,400 円

1　納付すべき関税額

  A　34,550 円

      ↓　千円未満の端数切捨て

    34,000 円 × 8.0% ＝ 2,720 円…①

  B　20,380 円

      ↓　千円未満の端数切捨て

    20,000 円 × 12.0% ＝ 2,400 円…②

  ① ＋ ② ＝ 5,120 円

        ↓　百円未満の端数切捨て

      5,100 円…③

2　納付すべき消費税額

  A　34,550 円 ＋ 2,700 円 ＝ 37,250 円

              ↓　千円未満の端数切捨て

              37,000 円 × 7.8% ＝ 2,886 円…④

  B　20,380 円 ＋ 2,400 円 ＝ 22,780 円

              ↓　千円未満の端数切捨て

              22,000 円 × 6.24% ＝ 1,372 円（1 円未満の端数切捨て）

                                …⑤

  ④ ＋ ⑤ ＝ 4,258 円

        ↓　百円未満の端数切捨て

      4,200 円…⑥

3　納付すべき地方消費税額

  A　2,800 円 × 22 ÷ 78 ＝ 789 円（1 円未満の端数切捨て）…⑦

  B　1,300 円 × 22 ÷ 78 ＝ 366 円（1 円未満の端数切捨て）…⑧

  ⑦ ＋ ⑧ ＝ 1,155 円

        ↓　百円未満の端数切捨て

      1,100 円…⑨

4　合計額

  ③ ＋ ⑥ ＋ ⑨ ＝ 10,400 円

根拠規定：関法第 7 条、第 13 条の 4、国税通則法第 118 条第 1 項、第 119 条第 1 項、地方税法第 20 条の 4 の 2 第 3 項、第 72 条の 82

2　修正申告

問題52　次の2品目について、一の輸入（納税）申告書で申告し許可を受けたが、許可後において、次のとおり1品目の課税価格及び適用関税率が誤っていることが判明し、修正申告をすることとなった。当該修正申告により納付すべき関税額を計算しなさい。

品名	当初申告の課税価格	正しい課税価格	適用関税率
A	331,200円	382,540円	誤　5.5% 正　8.6%
B	203,820円	203,820円	正　7.4%

解答 52　　14,600 円

1　修正申告前の関税額（当初申告により納付した関税額）

　　A　331,200 円

　　　　↓　千円未満の端数切捨て

　　　331,000 円 × 5.5% ＝ 18,205 円…①

　　B　203,820 円

　　　　↓　千円未満の端数切捨て

　　　203,000 円 × 7.4% ＝ 15,022 円…②

　　① ＋ ② ＝ 33,227 円

　　　　　　　↓　百円未満の端数切捨て

　　　　　　33,200 円…③

2　修正申告後の関税額（本来納付すべき関税額）

　　A　382,540 円

　　　　↓　千円未満の端数切捨て

　　　382,000 円 × 8.6% ＝ 32,852 円…④

　　B　課税価格及び適用関税率に変更がないので 15,022 円…⑤

　　④ ＋ ⑤ ＝ 47,874 円

　　　　　　　↓　百円未満の端数切捨て

　　　　　　47,800 円…⑥

3　修正申告により納付すべき関税額

　　⑥ － ③ ＝ 14,600 円

（参考）修正申告すべき品目のみについて、当初申告の課税価格と修正申告の課税価格の差額を基礎に（あるいは、適用税率の差を基礎に）増差関税額を計算する方法は、端数処理の関係で誤りとなることがあるので、上記方法により計算する必要がある。

根拠規定：関法第 7 条の 14、第 13 条の 4

問題 53　　次の2品目について、一の輸入（納税）申告書で申告し許可を受けたが、許可後において、次のとおり課税価格及び適用関税率が誤っていることが判明し、修正申告をすることとなった。当該修正申告により納付すべき関税額を計算しなさい。

（当初申告）

品名	課税価格	適用関税率
A	434,520円	4.3%
B	1,654,322円	6.4%

（修正申告）

品名	課税価格	適用関税率
A	534,500円	5.3%
B	1,654,322円	7.4%

解答 53　　26,100 円

1　修正申告前の関税額（当初申告により納付した関税額）

　A　434,520 円

　　　↓　千円未満の端数切捨て

　　434,000 円 × 4.3% = 18,662 円…①

　B　1,654,322 円

　　　↓　千円未満の端数切捨て

　　1,654,000 円 × 6.4% = 105,856 円…②

　① + ② = 124,518 円

　　　　　↓　百円未満の端数切捨て

　　　　124,500 円…③

2　修正申告後の関税額（本来納付すべき関税額）

　A　534,500 円

　　　↓　千円未満の端数切捨て

　　534,000 円 × 5.3% = 28,302 円…④

　B　1,654,322 円

　　　↓　千円未満の端数切捨て

　　1,654,000 円 × 7.4% = 122,396 円…⑤

　④ + ⑤ = 150,698 円

　　　　　↓　百円未満の端数切捨て

　　　　150,600 円…⑥

3　修正申告により納付すべき関税額

　⑥ － ③ = 26,100 円

根拠規定：関法第 7 条の 14、第 13 条の 4

問題 54　　次の 2 品目について、一の輸入（納税）申告書で申告し許可を受けたが、許可後において、次のとおり品目 A の課税価格及び適用関税率が誤っていることが判明し、修正申告をすることとなった。当該修正申告により納付すべき関税額を計算しなさい。

（当初申告）

品名	課税価格	適用関税率
A	865,655円	8.0%
B	885,433円	10.0%

（修正申告）

品名	課税価格	適用関税率
A	2,865,655円	8.2%

解答 54　　165,700 円

1　修正申告前の関税額（当初申告により納付した関税額）

　　A　865,655 円

　　　　　　↓　千円未満の端数切捨て

　　　　865,000 円 × 8.0% ＝ 69,200 円…①

　　B　885,433 円

　　　　　　↓　千円未満の端数切捨て

　　　　885,000 円 × 10.0% ＝ 88,500 円…②

　　① ＋ ② ＝ 157,700 円…③

2　修正申告後の関税額（本来納付すべき関税額）

　　A　2,865,655 円

　　　　　　↓　千円未満の端数切捨て

　　　　2,865,000 円 × 8.2% ＝ 234,930 円…④

　　B は変更なし　88,500 円…⑤

　　④ ＋ ⑤ ＝ 323,430 円

　　　　　　　　↓　百円未満の端数切捨て

　　　　　　　323,400 円…⑥

3　修正申告により納付すべき関税額

　　⑥ － ③ ＝ 165,700 円

根拠規定：関法第 7 条の 14、第 13 条の 4

問題 55　　次の２品目について、一の輸入（納税）申告書で申告し許可を受けたが、許可後において、次のとおり課税価格及び適用税率が誤っていることが判明し、修正申告をすることとなった。当該修正申告により納付すべき関税額を計算しなさい。

（当初申告）

品名	課税価格	適用関税率
A	2,736,000円	4.3%
B	238,000円	6.4%

（修正申告）

品名	課税価格	適用関税率
A	1,736,000円	6.3%
B	938,000円	7.1%

解答 55　43,100 円

1　修正申告前の関税額（当初申告により納付した関税額）

A　2,736,000 円 × 4.3% ＝ 117,648 円…①

B　　238,000 円 × 6.4% ＝ 15,232 円…②

① ＋ ② ＝ 132,880 円

↓　百円未満の端数切捨て

132,800 円…③

2　修正申告後の関税額（本来納付すべき関税額）

A　1,736,000 円 × 6.3% ＝ 109,368 円…④

B　　938,000 円 × 7.1% ＝ 66,598 円…⑤

④ ＋ ⑤ ＝ 175,966 円

↓　百円未満の端数切捨て

175,900 円…⑥

3　修正申告により納付すべき関税額

⑥ － ③ ＝ 43,100 円

根拠規定：関法第 7 条の 14、第 13 条の 4

3 更正（更正請求）

問題 56 次の2品目について、一の輸入（納税）申告書で申告し許可を受けたが、納税後において、次のとおり適用税率に誤りがあることが判明し、関税法第7条の16の規定に基づき更正されることとなった。当該更正により結果として過納金となる額を計算しなさい。

品名	課税価格	当初申告の関税率	正しい関税率
A	8,965,522円	10.4%	5.8%
B	3,225,786円	3.4%	5.3%

解答 **56**　　351,200 円

1　当初申告により納付した関税額

A　8,965,522 円
　　　　　↓　千円未満の端数切捨て
　　　8,965,000 円 × 10.4% = 932,360 円…①

B　3,225,786 円
　　　　　↓　千円未満の端数切捨て
　　　3,225,000 円 × 3.4% = 109,650 円…②

① + ② = 1,042,010 円
　　　　　　　　↓　百円未満の端数切捨て
　　　　　1,042,000 円…③

2　本来納付すべき関税額

A　8,965,522 円
　　　　　↓　千円未満の端数切捨て
　　　8,965,000 円 × 5.8% = 519,970 円…④

B　3,225,786 円
　　　　　↓　千円未満の端数切捨て
　　　3,225,000 円 × 5.3% = 170,925 円…⑤

④ + ⑤ = 690,895 円
　　　　　　　　↓　百円未満の端数切捨て
　　　　　690,800 円…⑥

3　更正により過納金となる額

③ - ⑥ = 351,200 円

根拠規定：関法第 7 条の 16 第 1 項、第 13 条の 4

問題 57　次の貨物について輸入（納税）申告をしたが、納税後において、次のとおり適用税率に誤りがあることが判明した。関税法第7条の15の規定に基づき更正の請求を行う場合に、関税更正請求書に記載すべき当該更正の請求により減少する関税額を計算しなさい。

品名	スカート
課税価格	43,542,741円
当初申告の関税率	11.2%
正しい関税率	7.4%

問題 58　次の2品目について、一の輸入（納税）申告書で申告し許可を受けたが、納税後において、次のとおり適用税率に誤りがあることが判明し、関税法第7条の16の規定に基づき更正されることとなった。当該更正により結果として過納金となる額を計算しなさい。

［第1欄］

品名	男性用シャツ
課税価格	23,542,741円
当初申告の関税率	16.0%
正しい関税率	10.0%

［第2欄］

品名	帽子
課税価格	20,434,200円
当初申告の関税率	12.5%
正しい関税率	4.8%

解答 57　　1,654,600 円

1　当初申告により納付した関税額

43,542,741 円

　　　↓　千円未満の端数切捨て

43,542,000 円 × 11.2% = 4,876,704 円

　　　　　　　　　↓　百円未満の端数切捨て

　　　　　　　　4,876,700 円…①

2　本来納付すべき関税額

43,542,000 円 × 7.4% = 3,222,108 円

　　　　　　　　↓　百円未満の端数切捨て

　　　　　　　3,222,100 円…②

3　更正の請求により減少する関税額

① － ② = 1,654,600 円

根拠規定：関法第 7 条の 15、第 13 条の 4

解答 58　　2,985,900 円

1　当初申告により納付した関税額

（第 1 欄）23,542,741 円

　　　　　↓　千円未満の端数切捨て

　　　　23,542,000 円 × 16.0% = 3,766,720 円…①

（第 2 欄）20,434,200 円

　　　　　↓　千円未満の端数切捨て

　　　　20,434,000 円 × 12.5% = 2,554,250 円…②

① ＋ ② = 6,320,970 円

　　　　　↓　百円未満の端数切捨て

　　　　6,320,900 円…③

2　本来納付すべき関税額

（第 1 欄）23,542,000 円 × 10.0% = 2,354,200 円…④

（第 2 欄）20,434,000 円 × 4.8% = 980,832 円…⑤

④ ＋ ⑤ = 3,335,032 円

　　　　　↓　百円未満の端数切捨て

　　　　3,335,000 円…⑥

3　更正により過納金となる関税額

③ － ⑥ = 2,985,900 円

根拠規定：関法第 7 条の 16 第 1 項、第 13 条の 4

問題 59　　次の2品目について、一の輸入（納税）申告書で申告し許可を受けたが、納税後において、次のとおり適用税率に誤りがあることが判明したため、関税法第7条の15の規定に基づき更正の請求を行うこととした。関税更正請求書に記載すべき当該更正の請求により減少する関税額を計算しなさい。

品名	課税価格	当初申告の関税率	正しい関税率
A	2,897,223円	3.4%	2.8%
B	1,578,188円	6.4%	5.3%

解答 59　　34,700 円

1　当初申告により納付した関税額

A　2,897,223 円
　　　　↓　千円未満の端数切捨て
　　2,897,000 円 × 3.4% ＝ 98,498 円…①

B　1,578,188 円
　　　　↓　千円未満の端数切捨て
　　1,578,000 円 × 6.4% ＝ 100,992 円…②

①＋② ＝ 199,490 円
　　　　　　↓　百円未満の端数切捨て
　　　　　199,400 円…③

2　本来納付すべき関税額

A　2,897,223 円
　　　　↓　千円未満の端数切捨て
　　2,897,000 円 × 2.8% ＝ 81,116 円…④

B　1,578,188 円
　　　　↓　千円未満の端数切捨て
　　1,578,000 円 × 5.3% ＝ 83,634 円…⑤

④＋⑤ ＝ 164,750 円
　　　　　　↓　百円未満の端数切捨て
　　　　　164,700 円…⑥

3　更正の請求により減少する関税額

　　③ － ⑥ ＝ 34,700 円

根拠規定：関法第 7 条の 15、第 13 条の 4

4 延滞税

問題 60　次に掲げる経緯で特例申告書の提出後に修正申告を行い、当該修正申告により納付すべき関税額が5,079,000円であった場合の延滞税の額を計算しなさい。

　なお、延滞税の税率は、年2.4%（当該関税の納期限の翌日から2月を経過する日後は年8.7%）として計算しなさい。

令和6年1月18日	輸入申告をし、輸入の許可を受けた日
令和6年1月19日	保税地域から輸入貨物を引き取った日
令和6年2月22日	特例申告書を提出し、納税をした日
令和6年11月29日	修正申告をする旨の口頭による申出をした日
令和6年12月2日	修正申告をし、未納関税額を全額納付した日

（注）令和6年は、閏年である。

解答 60　　92,300 円

　延滞税は、未納関税額の法定納期限の翌日から、当該未納関税額を納付する日までの日数（延滞日数）に応じて課される。

　特例申告貨物につき納付すべき関税の法定納期限は、特例申告書の提出期限（輸入の許可を受けた日の属する月の翌月末日）である。

　なお、保税地域からの輸入貨物の引取りの日、修正申告をする旨の口頭による申出の日は、延滞税の計算には関係しない。

1　延滞日数

　特例申告貨物に係る法定納期限（輸入の許可の日の属する月の翌月末日である 2 月29 日）の翌日から納付日までの日数である。

　3 月－ 31 日、4 月－ 30 日、5 月－ 31 日、6 月－ 30 日、7 月－ 31 日、8 月－ 31 日、9 月－ 30 日、10 月－ 31 日、11 月－ 30 日、12 月－ 2 日　計 277 日

　なお、輸入の許可後にした修正申告により納付すべき関税額の納期限は、当該修正申告をした日であり、その日に未納関税額を全額納付していることから、年 8.7％の税率を適用する延滞日数はない。

2　延滞税の額

　5,079,000 円

　　　↓　1 万円未満の端数切捨て

　5,070,000 円 × 2.4％ × 277 日 ÷ 365 日 ＝ 92,343 円（1 円未満の端数切捨て）

　　　　　　　　　　　　↓　百円未満の端数切捨て

　　　　　　　　　　　92,300 円

（注）閏年であっても、1 年は 365 日で計算する。

根拠規定：関法第 9 条第 2 項第 4 号、第 12 条、附則第 6 項

問題 **61**　次に掲げる経緯で輸入の許可後に修正申告を行い、当該修正申告により納付すべき関税額が 2,673,900 円であった場合の延滞税の額を計算しなさい。

　　なお、延滞税の税率は、年2.4％（当該関税の納期限の翌日から2月を経過する日後は年8.7％）として計算しなさい。

令和6年7月4日	輸入（納税）申告の日及び輸入の許可前における貨物の引取りの承認の日
令和6年7月5日	保税地域から輸入貨物を引き取った日
令和6年8月1日	「輸入許可前引取承認貨物に係る関税納付通知書」が発せられた日
令和6年8月9日	当初の輸入（納税）申告に係る関税額の納付の日及び輸入の許可の日
令和6年10月3日	修正申告の日
令和6年10月11日	修正申告により納付すべき関税額の納付の日

問題 **62**　次に掲げる経緯で輸入の許可後に修正申告を行い、当該修正申告により納付すべき関税額として 2,250,000 円を納付することとなった。この場合に、当該関税額に併せて納付すべき延滞税の額を計算しなさい。

　　なお、延滞税の税率は、年2.4％（当該関税の納期限の翌日から2月を経過する日後は年8.7％）として計算しなさい。

令和6年5月9日	輸入（納税）申告及び関税の納期限延長の承認の日
令和6年5月10日	輸入の許可の日及び貨物引取りの日
令和6年8月10日	関税の納期限延長の期限日
令和6年8月30日	修正申告をし、未納関税額を全額納付した日

解答 61　　12,400 円

1　延滞日数

　輸入許可前貨物引取り承認を受けた貨物について納付すべき関税の法定納期限は、当該貨物に係る税額及びその税額を納付すべき旨の書面等が発せられた日（本問題では 8 月 1 日）である。したがって、延滞日数は、その翌日から関税額の納付日までの日数である。

　　8 月－ 30 日、9 月－ 30 日、10 月－ 11 日　計 71 日

　なお、輸入の許可後にした修正申告により納付すべき関税の納期限は、当該修正申告をした日であり、その翌日から 2 月を経過する日（12 月 3 日）までに未納関税額を納付していることから、年 8.7％の税率を適用する延滞日数はない。

2　延滞税の額

　2,673,000 円

　　　↓　1 万円未満の端数切捨て

　2,670,000 円 × 2.4％ × 71 日 ÷ 365 日 ＝ 12,464 円（1 円未満の端数切捨て）

　　　　　　　　　　　　　　↓　百円未満の端数切捨て

　　　　　　　　　　　　　　12,400 円

根拠規定：関法第 7 条の 17、第 9 条第 2 項第 4 号、第 12 条

解答 62　　16,500 円

1　延滞税の額の計算の基礎となる関税額

　2,250,000 円

2　延滞日数

　法定納期限（輸入の許可の日である 5 月 10 日）の翌日から納付の日までの日数（注）

　　5 月－ 21 日、6 月－ 30 日、7 月－ 31 日、8 月－ 30 日　計 112 日

3　延滞税の額

　2,250,000 円 × 2.4％ × 112 日 ÷ 365 日 ＝ 16,569 円（1 円未満の端数切捨て）

　　　　　　　　　　　　　　↓　百円未満の端数切捨て

　　　　　　　　　　　　　　16,500 円

（注）　納期限が延長された関税の法定納期限は当該延長された期限であるが、これはあくまで当初申告により納付した関税について延長されるのであって、未納関税にその効果は及ばないので、未納関税の法定納期限は、原則どおり輸入の許可の日である。

根拠規定：関法第 12 条、附則第 6 項

問題 **63**　　次に掲げる経緯で、輸入の許可後に修正申告を行い、当該修正申告により納付すべき関税額として4,798,600円を納付することとなった。この場合に、当該関税額に併せて納付すべき延滞税の額を計算しなさい。

　　なお、延滞税の税率は、令和5年、令和6年のいずれも年2.4％（当該関税の納期限の翌日から2月を経過する日後は年8.7％）として計算しなさい。

令和5年12月1日	輸入（納税）申告及び輸入の許可の日
令和6年1月10日	納付すべき関税額に不足があることを知った日
令和6年1月17日	修正申告をした日
令和6年3月29日	修正申告に係る未納関税額を全額納付した日

（注）令和6年は、閏年である。

解答 63　　47,300 円

1　延滞税の額の計算の基礎となる関税額
4,798,600 円
　　　　↓　1 万円未満の端数切捨て
4,790,000 円

2　延滞日数
　　法定納期限（輸入の許可の日である令和 5 年 12 月 1 日）の翌日から納付の日までの日数（閏年の 2 月は、1 日から 29 日までの 29 日間で計算する。）
　　令和 5 年分　　12 月 - 30 日
　　令和 6 年分　　1 月 - 31 日、2 月 - 29 日、3 月 - 29 日　計 89 日
　　　　　　　　　　なお、輸入の許可後の修正申告により納付すべき関税額の納期限は、当該修正申告をした日（令和 6 年 1 月 17 日）であり、その翌日から 2 月を経過する日（令和 6 年 3 月 17 日）後の延滞日数は 12 日となる。

3　延滞税の額
　（1）令和 5 年分の延滞税額
　　　　4,790,000 円 × 2.4% × 30 日 ÷ 365 日 ＝ 9,448 円…①
　　　　　　　　　　　　　　　　　　（1 円未満の端数切捨て）
　（2）令和 6 年分の延滞税額（閏年であっても、1 年は 365 日で計算する。）
　　　　年 2.4%適用分
　　　　4,790,000 円 × 2.4% × 77 日（89 日 - 12 日）÷ 365 日 ＝ 24,251 円…②
　　　　　　　　　　　　　　　　　　　　　　（1 円未満の端数切捨て）
　　　　年 8.7%適用分
　　　　4,790,000 円 × 8.7% × 12 日 ÷ 365 日 ＝ 13,700 円…③
　　　　　　　　　　　　　　　　　（1 円未満の端数切捨て）
　（3）① ＋ ② ＋ ③ ＝ 47,399 円
　　　　　　　　　　↓　百円未満の端数切捨て
　　　　　　　　　　47,300 円

根拠規定：関法第 9 条第 2 項第 4 号、第 12 条、附則第 6 項

5　加算税

問題 64　　外国貨物について輸入（納税）申告をしたが、納税後において、
税関による関税についての調査に基づく指摘により、書面により備
付け及び保存がされている関税関係帳簿に記載されている事項に関
し、次のとおり適用税率に誤りがあることが判明し、修正申告をす
ることとなった。
　　　当該修正申告により納付すべき関税額には過少申告加算税が課さ
れることとなったが、その過少申告加算税の額を計算しなさい。

　　　課税価格　　　　　　　4,951,590円
　　　当初申告の適用税率　　　4.1％
　　　正しい適用税率　　　　　25.5％

解答 64　　132,500 円

　税関の調査により判明した誤りに基づく修正申告であるため、更正があるべきことを予知して行われたこととなり、過少申告加算税の税率は 10%となる。

1　修正申告前の関税額（当初申告により納付した関税額）
　　4,951,590 円
　　　　↓　千円未満の端数切捨て
　　4,951,000 円　×　4.1%　=　202,991 円
　　　　　　　　　　　↓　百円未満の端数切捨て
　　　　　　　　　　　202,900 円…①

2　修正申告後の関税額（本来納付すべき関税額）
　　4,951,590 円
　　　　↓　千円未満の端数切捨て
　　4,951,000 円　×　25.5%　=　1,262,505 円
　　　　　　　　　　　　　↓　百円未満の端数切捨て
　　　　　　　　　　　　　1,262,500 円…②

3　修正申告により納付すべき関税額（増差税額）
　　②　-　①　=　1,059,600 円

4　過少申告加算税額の計算
　　1,059,600 円
　　　　↓　1 万円未満の端数切捨て
　　1,050,000 円　×　10%　=　105,000 円…③

5　加重過少申告加算税額の計算
　　修正申告により納付すべき関税額が当初申告により納付した関税額（上記①）と 50 万円のいずれか多い額（50 万円）を超えることから、その差額に 5%の過少申告加算税が加算される。
　　1,059,600 円　-　500,000 円　=　559,000 円
　　　　　　　　　　　↓　1 万円未満の端数切捨て
　　　　　　　　　　　550,000 円　×　5%　=　27,500 円…④

6　納付すべき過少申告加算税額
　　③　+　④　=　132,500 円

根拠規定：関法第 12 条の 2 第 1 項、第 2 項

問題 65 　　D社は、納税申告が必要とされている貨物につきその輸入の時までに納税申告をしなかったため、書面により保存されている関税関係書類に記載されている事項に関し、税関長の決定により関税額4,346,800円を納付することとなった。当該関税額については、無申告加算税に代えて重加算税が課されることとなったが、その重加算税の額を計算しなさい。

　　なお、D社は、当該貨物の輸入の日の属する年の前年及び前々年に輸入した貨物に係る関税について、15%の税率が適用される無申告加算税を課されたことがある。

問題 66 　　特例輸入者が、次の経緯により、輸入申告をし許可を受けた特例申告貨物について期限後特例申告書を提出した場合に課される無申告加算税の額を計算しなさい。当該特例輸入者は、期限内特例申告書を提出する意思があったと認められ、また、当該期限後特例申告書は、その申告に係る関税について決定があるべきことを予知せず、税関の調査通知が発出される前に提出したものであり、当該期限後特例申告書の提出により納付する関税額は、642,600円である。

　　なお、当該特例輸入者が過去に輸入した貨物に係る無申告加算税及び重加算税については、考慮しないものとする。

令和6年6月7日	関税法第67条に基づく輸入申告を行い、輸入の許可を受けた日
令和6年7月31日	当該特例申告貨物に係る特例申告書の提出期限
令和6年9月4日	期限後特例申告書を提出した日

解答 65　　2,170,000 円

決定により納付すべき税額には、本来無申告加算税が課されるが、本問題は、無申告加算税に代えて重加算税が課される設定であり、その場合の税率は 40%である。また、D社は、決定に係る貨物の輸入の日の属する年の前年及び前々年に輸入した貨物に係る関税について、15%の税率が適用される無申告加算税を課されたことがあるので、10%が加重される。

4,346,800 円
　　↓　1 万円未満の端数切捨て
4,340,000 円 ×（40% ＋ 10%）＝ 2,170,000 円

根拠規定・関法第 12 条の 4 第 2 項、第 1 項第 2 号

解答 66　　32,000 円

期限後特例申告書の提出により納付すべき関税額には、原則として 15%の無申告加算税が課される。ただし、当該期限後特例申告書の提出が、①その申告に係る関税についての調査があったことにより当該関税について決定があるべきことを予知してされたものでない場合において、②その申告に係る関税についての調査通知がある前に行われたものであるときは、その税率は 5%になるとともに、当該納付すべき関税額が 50 万円を超えていても、加重無申告加算税は課されない。

なお、上記①に該当する場合で、期限内特例申告書を提出する意思があったと認められ、かつ、その提出期限から 1 月を経過する日までに期限後特例申告書が提出されたときは、無申告加算税は課されない。

しかし、本問題では、提出期限から 1 月を超えて期限後特例申告書が提出されているので、5%の無申告加算税が課されることとなる。

無申告加算税額の計算
642,600 円
　　↓　1 万円未満の端数切捨て
640,000 円 × 5% ＝ 32,000 円

根拠規定：関法第 12 条の 3 第 1 項、第 2 項、第 6 項、第 7 項

問題 **67**　特例輸入者が、次の経緯により、輸入申告をし許可を受けた特例申告貨物について期限後特例申告書の提出後に修正申告をした場合に課される無申告加算税の額を計算しなさい。当該期限後特例申告書は、税関からの調査通知後に、その申告に係る関税について決定があるべきことを予知せず提出したものであり、当該期限後特例申告書の提出により納付すべき関税額は、482,600円である。また、当該修正申告は、税関からの調査通知後に、その申告に係る関税について更正があるべきことを予知せずに行ったものであり、当該修正申告により納付すべき関税額は、268,300円である。

なお、当該特例輸入者が過去に輸入した貨物に係る無申告加算税及び重加算税については、考慮しないものとする。

令和6年5月17日	輸入申告を行い、輸入の許可を受けた日
令和6年8月23日	当該特例申告貨物について期限後特例申告書を提出し、関税額を全額納付した日
令和6年11月8日	当該期限後特例申告書の提出により納付した関税額が誤っていたため修正申告をし、未納関税額を全額納付した日

解答 67　38,500 円

　期限後特例申告書の提出後に修正申告をした場合に課される無申告加算税の税率は原則 15%であるが、更正があるべきことを予知せず、税関からの調査通知を受けた後に自主的に修正申告を提出した場合の無申告加算税の税率は 10%となる。

1　無申告加算税額の計算

　268,300 円
　　↓　1万円未満の端数切捨て
　260,000 円 × 10% = 26,000 円…①

2　加重する無申告加算税額の計算

　期限後特例申告書の提出により納付した関税額は累積納付税額に該当するため、加算後累積納付税額が 268,300 円＋ 482,600 円＝ 750,900 円となり 50 万円を超えるので、その差額の 5%が加重される。

　750,900 円 － 500,000 円 = 250,900 円
　　　　　　　　　　　　　　↓　1万円未満の端数切捨て
　　　　　　　　　　　　250,000 円 × 5% = 12,500 円…②

　① ＋ ② = 38,500 円

根拠規定：関法第 12 条の 3 第 1 項かっこ書、第 2 項、第 9 項

問題 68　外国貨物について輸入（納税）申告をしたが、納税後において、税関による関税についての調査に基づく指摘により、書面により備付け及び保存がされている関税関係帳簿に記載されている事項に関し、下表のとおり課税標準となる価格及び適用税率に誤りがあることが判明し、修正申告をすることとなった。当該修正申告により納付すべき関税額に併せて納付すべき過少申告加算税の額を計算しなさい。

	課税標準となる価格	適用税率
当初申告	20,867,730円	8.4%
正しい申告内容	24,913,210円	10.9%

解答68　　96,000 円

1　修正申告前の関税額（当初申告により納付した関税額）
　20,867,730 円
　　　　↓　千円未満の端数切捨て
　20,867,000 円 × 8.4% ＝ 1,752,828 円
　　　　　　　　　　↓　百円未満の端数切捨て
　　　　　　　　　　1,752,800 円…①

2　修正申告後の関税額（本来納付すべき関税額）
　24,913,210 円
　　　　↓　千円未満の端数切捨て
　24,913,000 円 × 10.9% ＝ 2,715,517 円
　　　　　　　　　　↓　百円未満の端数切捨て
　　　　　　　　　　2,715,500 円…②

3　修正申告により納付すべき関税額（増差税額）
　② － ① ＝ 962,700 円

4　過少申告加算税額
　増差税額　962,700 円
　　　　↓　1 万円未満の端数切捨て
　　　960,000 円 × 10% ＝ 96,000 円

（参考）加重過少申告加算税
　本問題の場合、当初納付関税額（1,752,800 円）＞ 500,000 円であることから、加重過少申告加算税の対象となる基準額は 1,752,800 円となる。
　一方、修正申告により納付すべき関税額は 962,700 円であり、当該基準額（1,752,800 円）を超えないことから、加重過少申告加算税は課されない。

根拠規定：関法第 12 条の 2 第 1 項、第 2 項

■ Level 4 本試験レベル (標準問題中心)

1 税額計算

問題 69 　税関長の承認を受けて総合保税地域に置かれた外国貨物を、次に掲げる経緯で輸入する場合に、当該外国貨物について納付すべき関税額を計算しなさい。

課税価格	593,978円
総合保税地域に置くことの承認を受けた日	
	令和6年3月15日
輸入 (納税) 申告の日	令和6年3月29日
輸入の許可前貨物引取り承認申請及び承認の日	
	令和6年4月3日
輸入の許可の日	令和6年4月12日

当該外国貨物に適用される関税率 令和6年3月31日まで　11.5%
　　　　　　　　　　　　　　　　令和6年4月1日から　　7.6%

問題 70 　税関長の承認を受けて保税蔵置場に置かれた外国貨物で課税価格が 1,244,642 円のものを、次に掲げる経緯で輸入する場合に、当該外国貨物について納付すべき関税額を計算しなさい。
　なお、当該外国貨物に適用される関税率は、下に示した「関税率改正の内容」のとおり法令の改正がなされたものとし、その施行日は令和6年4月1日とする。

輸入 (納税) 申告の日	令和6年3月28日
輸入の許可前貨物引取りの承認申請及び承認の日	
	令和6年3月29日
輸入の許可の日	令和6年4月5日
関税率改正の内容	改正前　15.3%
	改正後　12.8%

解答 69　45,000 円

関税を課す場合に適用すべき税率は、原則として輸入申告の日において適用される税率であるが、総合保税地域に置くことの承認を受けた外国貨物であって、輸入申告後、輸入許可前貨物引取り承認を受けて引き取られる貨物については、税率改正が当該承認の日前に行われた場合には、適用税率は当該承認の日において適用される税率（改正後の税率）である。

課税価格　593,978 円
　　　　　↓　千円未満の端数切捨て
　　　593,000 円 × 7.6% ＝ 45,068 円
　　　　　　　　↓　百円未満の端数切捨て
　　　　　45,000 円

根拠規定：関法第 5 条第 2 号、第 13 条の 4

解答 70　190,300 円

保税蔵置場に置くことの承認を受けた外国貨物であって、輸入申告後、輸入許可前引取り承認を受けた貨物については、当該承認がされる前に適用法令の改正があった場合には、当該承認の日において適用される法令、すなわち、改正後の税率が適用されるが本問題においては、承認後に税率が改正されているので、原則どおり輸入申告の日において適用される税率が適用される。

1,244,642 円
　　　↓　千円未満の端数切捨て
1,244,000 円 × 15.3% ＝ 190,332 円
　　　　　　　↓　百円未満の端数切捨て
　　　　　190,300 円

根拠規定：関法第 5 条、第 13 条の 4

問題 **71**　下表1の3品目（酒税法に規定する酒類は含まれていない。）について、一の輸入（納税）申告書で申告を行う場合に、納付すべき関税額、消費税額及び地方消費税額の合計額を計算しなさい。なお、消費税及び地方消費税の税率は下表2のとおりとし、軽減税率が適用可能な品目については、軽減税率を用いて計算するものとする。

（下表1）

品名	課税価格	関税率
A（人の飲用又は食用に供されない貨物）	120,365円	6.3%
B（人の飲用に供される貨物）	25,635円	7.4%
C（消費税法上の一体貨物）	968円	10.2%

（下表2）

	標準税率	軽減税率
消費税率	7.8%	6.24%
地方消費税率	2.2%（消費税額の22/78）	1.76%（消費税額の22/78）

解答71　　24,100 円

1　納付すべき関税額

　　A　120,000 円 × 6.3% = 7,560 円
　　B　 25,000 円 × 7.4% = 1,850 円
　　C　　　　0 円 × 10.2% = 　　0 円
　　　　　　　　　　　計　9,410 円
　　　　　　　　　　　　　↓　百円未満の端数切捨て
　　　　　　　　　　　　　9,400 円…①

2　納付すべき消費税額

　　A　120,365 円 + 7,500 円 = 127,865 円
　　　　　　　　　　　　↓　千円未満の端数切捨て
　　　　　　　　　　　127,000 円 × 7.8% - 0,006 円
　　B　 25,635 円 + 1,800 円 = 27,435 円
　　　　　　　　　　　　↓　千円未満の端数切捨て
　　　　　　　　　　　 27,000 円 × 6.24% = 1,684 円（1 円未満の端数切捨て）
　　計　9,906 円 + 1,684 円 = 11,590 円
　　　　　　　　　　　↓　百円未満の端数切捨て
　　　　　　　　　　　11,500 円…②

（注）Cについては、968 円 + 0 円 = 968 円が消費税の課税標準額となるが、千円未満は全額を切り捨てるので、消費税は課されない。

3　納付すべき地方消費税額

　　A　9,900 円 × 22 ÷ 78 = 2,792 円（1 円未満の端数切捨て）
　　B　1,600 円 × 22 ÷ 78 = 451 円（1 円未満の端数切捨て）
　　計　2,792 円 + 451 円 = 3,243 円
　　　　　　　　　　　↓　百円未満の端数切捨て
　　　　　　　　　　　3,200 円…③

（注）地方消費税率の 2.2% 又は 1.76% を用いて計算するときは、課税標準額は消費税額を計算するときのものと同じなので、A は 127,000 円 × 2.2% = 2,794 円、B は 27,000 円 × 1.76% = 475 円、計 3,269 円となるが、百円未満は切り捨てるので、結果は同じになる。

4　合計額

　　① + ② + ③ = 24,100 円

（参考）消費税の軽減税率は、人の飲用又は食用に供される飲食料品（酒類を除く。）に適用される。消費税法上の一体貨物については、一定要件の下、軽減税率が適用される（本書 4 頁参照）。

根拠規定：関法第 7 条、第 13 条の 4、国税通則法第 118 条第 1 項、第 119 条第 1 項、地方税法第 20 条の 4 の 2 第 3 項、第 72 条の 82

Level

4

本試験レベル

2　修正申告

問題72　　ミルクについて輸入（納税）申告をし許可を受けたが、許可後に
おいて、次のとおり課税価格及び輸入数量が誤っていることが判明
し、修正申告をすることとなった。当該修正申告により納付すべき
関税額を計算しなさい。

品名	ミルク
当初申告の課税価格	450,000円
正しい課税価格	500,000円
当初申告の輸入数量	7,822.68kg
正しい輸入数量	8,889.68kg
適用税率	21.3%　＋　635円／kg

解答 **72**　　688,100 円

1　修正申告前の関税額（当初申告により納付した関税額）

　イ　従価税率による関税額

　　　450,000 円 × 21.3% = 95,850 円…①

　ロ　従量税率による関税額

　　　7,822.68 kg

　　　　　↓　適用税率が円位以上 3 桁なので小数点以下 1 位未満の端数切捨て

　　　7,822.6 kg × 635 円／kg = 4,967,351 円…②

　　　① + ② = 5,063,201 円

　　　　　　　　↓　百円未満の端数切捨て（注）

　　　　　　　5,063,200 円…③

2　修正申告後の関税額（本来納付すべき関税額）

　イ　従価税率による関税額

　　　500,000 円 × 21.3% = 106,500 円…④

　ロ　従量税率による関税額

　　　8,889.68 kg

　　　　　↓　適用税率が円位以上 3 桁なので小数点以下 1 位未満の端数切捨て

　　　8,889.6 kg × 635 円／kg = 5,644,896 円…⑤

　　　④ + ⑤ = 5,751,396 円

　　　　　　　　↓　百円未満の端数切捨て　（注）

　　　　　　　5,751,300 円…⑥

3　修正申告により納付すべき関税額

　　　⑥ - ③ = 688,100 円

（注）　従価・従量税の場合の関税額は、それぞれの関税率で計算して得た関税額の合計額から百円未満の端数を切り捨てた額である。

根拠規定：関法第 7 条の 14、第 13 条の 4、関法通達 13 の 4 - 2（本書 3 頁）

Level

4

本試験レベル

問題 73　　次の2品目について、一の輸入（納税）申告書で申告し許可を受けたが、許可後において、次のとおり輸入数量が誤っていることが判明し、修正申告をすることとなった。当該修正申告により納付すべき関税額を計算しなさい。

品名	当初申告の輸入数量	正しい輸入数量	適用税率
A	4,535.92kg	5,443.10kg	9円／kg
B	3,500.00kg	4,500.10kg	8.50円／kg

解答 73　　16,700 円

1　修正申告前の関税額（当初申告により納付した関税額）

A　4,535.92 kg

　　　↓　適用税率の円位以上が 1 桁なので小数点以下の端数切捨て

　　4,535 kg × 9 円／kg ＝ 40,815 円…①

B　3,500 kg × 8.5 円／kg ＝ 29,750 円…②

①＋② ＝ 70,565 円

　　　　　↓　百円未満の端数切捨て

　　　　　70,500 円…③

2　修正申告後の関税額（本来納付すべき関税額）

A　5,443.10 kg

　　　↓　適用税率の円位以上が 1 桁なので小数点以下の端数切捨て

　　5,443 kg × 9 円／kg ＝ 48,987 円…④

B　4,500.10 kg

　　　↓　適用税率の円位以上が 1 桁なので小数点以下の端数切捨て

　　4,500 kg × 8.5 円／kg ＝ 38,250 円…⑤

④＋⑤ ＝ 87,237 円

　　　　　↓　百円未満の端数切捨て

　　　　　87,200 円…⑥

3　修正申告により納付すべき関税額

⑥－③ ＝ 16,700 円

根拠規定：関法第 7 条の 14、第 13 条の 4、関法通達 13 の 4 － 2（本書 3 頁）

3 更正（更正請求）

問題 74　　次の2品目について、一の輸入（納税）申告書で申告し許可を受けたが、納税後において、次のとおり課税標準額及び適用税率に誤りがあることが判明し、関税法第7条の16の規定に基づき更正されることとなった。当該更正により結果として過納金となる額を計算しなさい。

品名	当初申告		更正	
	課税標準額	適用税率	課税標準額	適用税率
A	23,170,795円	8.5%	23,170,795円	5.1%
B	11,424,568円	8.9%	1,142,456円	5.3%

解答74　　**1,744,000 円**

1　当初申告により納付した関税額

A　23,170,795 円
　　　↓　千円未満の端数切捨て
　　23,170,000 円 × 8.5% = 1,969,450 円…①

B　11,424,568 円
　　　↓　千円未満の端数切捨て
　　11,424,000 円 × 8.9% = 1,016,736 円…②

①＋② = 2,986,186 円
　　　↓　百円未満の端数切捨て
　　2,986,100 円…③

2　本来納付すべき関税額

A　23,170,795 円
　　　↓　千円未満の端数切捨て
　　23,170,000 円 × 5.1% = 1,181,670 円…④

B　1,142,456 円
　　　↓　千円未満の端数切捨て
　　1,142,000 円 × 5.3% = 60,526 円…⑤

④＋⑤ = 1,242,196 円
　　　↓　百円未満の端数切捨て
　　1,242,100 円…⑥

3　更正により過納金となる額

③－⑥ = 1,744,000 円

根拠規定：関法第 7 条の 16 第 1 項、第 13 条の 4、関法通達 13 の 4 － 2（本書 3 頁）

問題 **75**　次の2品目について、一の輸入（納税）申告書で申告し許可を受けたが、納税後において、次のとおり輸入数量に誤りがあることが判明し、関税法第7条の15の規定に基づき更正の請求を行うこととなった。関税更正請求書に記載すべき当該更正の請求により減少する税額を計算しなさい。

品名	当初申告の輸入数量	正しい輸入数量	適用税率
A	5,800.35kg	4,350.55kg	9円／kg
B	6,450.35kg	4,560.55kg	112円／kg

解答 75　　224,700 円

1　当初申告により納付した関税額

　A　5,800.35 kg

　　　　　↓　適用税率の円位以上が 1 桁なので小数点以下の端数切捨て

　　　5,800 kg × 9 円／kg ＝ 52,200 円…①

　B　6,450.35 kg

　　　　　↓　適用税率の円位以上が 3 桁なので小数点以下 1 位未満の端数切捨て

　　　6,450.3 kg × 112 円／kg ＝ 722,433 円…②

　① ＋ ② ＝ 774,633 円

　　　　　　　↓　百円未満の端数切捨て

　　　　　　774,600 円…③

2　本来納付すべき関税額

　A　4,350.55 kg

　　　　　↓　適用税率の円位以上が 1 桁なので小数点以下の端数切捨て

　　　4,350 kg × 9 円／kg ＝ 39,150 円…④

　B　4,560.55 kg

　　　　　↓　適用税率の円位以上が 3 桁なので小数点以下 1 位未満の端数切捨て

　　　4,560.5 kg × 112 円／kg ＝ 510,776 円…⑤

　④ ＋ ⑤ ＝ 549,926 円

　　　　　　　↓　百円未満の端数切捨て

　　　　　　549,900 円…⑥

3　更正の請求により減少する関税額

　　③ － ⑥ ＝ 224,700 円

根拠規定：関法第 7 条の 15、第 13 条の 4、関法通達 13 の 4 － 2（本書 3 頁）

4 延滞税

問題 76　特例輸入者が、次の経緯で輸入し 6,052,000 円の関税を納付した特例申告貨物について、社内監査により納税申告に誤りがあることが判明し、修正申告により 1,459,000 円の未納関税額を納付することとなった。この場合において、当該未納関税額に併せて納付すべき延滞税の額を計算しなさい。

　　なお、延滞税の税率は、平成28年（閏年）にあっては年2.8％、平成29年にあっては年2.7％として計算しなさい。

輸入申告及び輸入の許可の日	平成28年9月6日
保税地域から貨物を搬出した日	9月9日
特例申告書の提出及び納税の日	10月10日
修正申告及び未納関税額の納付の日	平成29年8月10日

解答 76　30,500 円

　延滞税は、法定納期限の翌日から未納関税額の納付の日までの日数に応じて計算する。

　本問題の場合の法定納期限は、特例申告書の提出期限である輸入の許可の日の属する月の翌月末日、すなわち平成 28 年 10 月 31 日である。したがって、平成 28 年 11 月 1 日から平成 29 年 8 月 10 日までの日数に応じて延滞税が課されることになる。

　　　平成 28 年　11 月…30 日　12 月…31 日
　　　　　　　　　　平成 28 年の計 61 日
　　　平成 29 年　　1 月…31 日　2 月…28 日
　　　　　　　　　　3 月…31 日　4 月…30 日
　　　　　　　　　　5 月…31 日　6 月…30 日
　　　　　　　　　　7 月…31 日　8 月…10 日
　　　　　　　　　　平成 29 年の計 222 日
　　　　　　　　　　　　合計　283 日

（1）平成 28 年分の延滞税額

　　1,459,000 円
　　　　↓　1 万円未満の端数切捨て
　　1,450,000 円 × 2.8% × 61 日 ÷ 365 日 = 6,785 円（1 円未満の端数切捨て）…①

（2）平成 29 年分の延滞税額

　　1,459,000 円
　　　　↓　1 万円未満の端数切捨て
　　1,450,000 円 × 2.7% × 222 日 ÷ 365 日 = 23,811 円（1 円未満の端数切捨て）…②

（3）延滞税の合計額

　　　① + ② = 6,785 円 + 23,811 円 = 30,596 円
　　　　　　　　　　　　　　　　　　　↓　百円未満の端数切捨て
　　　　　　　　　　　　　　　　　30,500 円

根拠規定：関法第 12 条、附則第 6 項

問題 77　輸入（納税）申告して許可を受けた後において、表1のとおり申告価格及び適用関税率が誤っていることが判明し、表2の経緯で修正申告を行う場合に、当該修正申告により納付すべき関税額及び延滞税の額の合計額を計算しなさい。

　　なお、延滞税の税率は、年2.4％（当該関税の納期限の翌日から2月を経過する日後は年8.7％）とする。

（表1）

当初申告の課税価格	正しい課税価格	適用関税率
2,426,580円	3,527,980円	誤　　4.5％ 正　　10.4％

（表2）

令和6年5月9日	輸入（納税）申告の日及び関税の納期限延長の承認の日
令和6年5月10日	輸入の許可の日
令和6年8月10日	関税の納期限延長の期限日
令和6年11月8日	納付すべき関税額に不足があることを知った日
令和6年11月15日	修正申告の日
令和6年11月18日	修正申告により納付すべき関税額の納付の日

解答77　　260,800 円

A　納付すべき関税額の計算

　1　修正申告前の関税額（当初申告により納付した関税額）

　　2,426,580 円

　　　　↓　千円未満の端数切捨て

　　2,426,000 円　×　4.5%　=　109,170 円

　　　　　　　　　　↓　百円未満の端数切捨て

　　　　　　　　　109,100 円…①

　2　修正申告後の関税額（本来納付すべき関税額）

　　3,527,980 円

　　　　↓　千円未満の端数切捨て

　　3,527,000 円　×　10.4%　=　366,808 円

　　　　　　　　　　↓　百円未満の端数切捨て

　　　　　　　　　366,800 円…②

　3　修正申告により納付すべき関税額

　　②　-　①　=　257,700 円

B　延滞税額の計算

　法定納期限は輸入の許可の日（5 月 10 日）であり、その翌日から 11 月 18 日までの日数が延滞日数となる。

　5 月- 21 日、6 月- 30 日、7 月- 31 日、8 月- 31 日、9 月- 30 日、10 月- 31 日、11 月- 18 日　計 192 日

　（延滞税の計算の基礎となる関税額）

　　257,700 円

　　　　↓　1 万円未満の端数切捨て

　　250,000 円　×　2.4%　×　192 日　÷　365 日　=　3,156 円（1 円未満の端数切捨て）

　　　　　　　　　　　　↓　百円未満の端数切捨て

　　　　　　　　　　　3,100 円

C　納付すべき関税額及び延滞税額の合計額

　　257,700 円　+　3,100 円　=　260,800 円

（参考）納期限延長の期限日が法定納期限となるのは、あくまで当初申告に係る関税額である。また、修正申告により納付すべき関税額は、納期限（当該修正申告の日）の翌日から 2 月を経過する日までに納付されていることから、年 8.7%を適用する延滞日数はない。

根拠規定：関法第 7 条の 14、第 12 条、第 13 条の 4、附則第 6 項

問題 78　輸入の許可を受けた後において、表１のとおり課税標準額及び適用税率に誤りがあることが判明し、表２の経緯で関税法第７条の16の規定に基づき更正されることとなった。この場合に、当該更正により納付すべき関税額及び延滞税の額の合計額を計算しなさい。

　なお、延滞税の税率は、年2.4％（当該関税の納期限の翌日から２月を経過する日後は年8.7％）として計算しなさい。

（表１）

当初申告		更正	
課税標準額	適用税率	課税標準額	適用税率
2,079,325円	5.0%	4,832,492円	15.0%

（表２）

令和６年４月３日	輸入（納税）申告（当初申告）の日及び輸入許可前貨物引取り承認の日
令和６年４月26日	「輸入許可前引取承認貨物に係る関税納付通知書」が発せられた日
令和６年５月10日	当初申告に係る関税額の納付の日及び輸入の許可の日
令和６年10月11日	更正に係る更正通知書が発せられた日
令和６年11月15日	更正により納付すべき関税額の納付の日

解答 78　　629,100 円

1　更正により納付すべき関税額

（1）当初申告により納付した関税額

2,079,325 円

↓　千円未満の端数切捨て

2,079,000 円 × 5.0% ＝ 103,950 円

↓　百円未満の端数切捨て

103,900 円…①

（2）更正時の関税額

4,832,492 円

↓　千円未満の端数切捨て

4,832,000 円 × 15.0% ＝ 724,000 円　②

（3）更正により納付すべき関税額

② － ① ＝ 620,900 円…③

2　延滞日数

　輸入の許可前引取り承認を受けた貨物につき納付すべき関税の法定納期限は、税額等の通知書が発せられた日の 4 月 26 日であり、延滞日数は、その翌日から更正により納付すべき関税額の納付の日までの日数となる。

　4 月－ 4 日、5 月－ 31 日、6 月－ 30 日、7 月－ 31 日、8 月－ 31 日、9 月－ 30 日、10 月－ 31 日、11 月－ 15 日　計 203 日

　輸入の許可後にされた更正により納付すべき関税の納期限は、更正通知書が発せられた日の翌日から 1 月を経過する日（11 月 11 日）であり、その翌日から 2 月を経過する日までに納付されているので、年 8.7％を適用する延滞日数はない。

3　延滞税の額

620,900 円

↓　1 万円未満の端数切捨て

620,000 円 × 2.4% × 203 日 ÷ 365 日 ＝ 8,275 円（1 円未満の端数切捨て）

↓　百円未満の端数切捨て

8,200 円…④

4　納付すべき関税額と延滞税額の合計額

③ ＋ ④ ＝ 629,100 円

根拠規定：関法第 7 条の 16 第 1 項、第 9 条第 2 項第 5 号、第 12 条、第 13 条の 4、附則第 6 項

Level

4

本試験レベル

問題 79　　次の経緯で特例申告書の提出後に修正申告を行い、当該修正申告により納付すべき関税額として 6,279,900 円を納付することとなった。この場合に、当該関税額に併せて納付すべき延滞税の額を計算しなさい。

　　なお、延滞税の税率は、年2.4％（当該関税の納期限の翌日から2月を経過する日後は年8.7％）として計算しなさい。

　　　　令和6年6月21日　　　輸入申告及び輸入の許可の日
　　　　令和6年7月3日　　　保税地域から貨物を搬出した日
　　　　令和6年7月16日　　　特例申告書の提出及び納税の日
　　　　令和6年9月30日　　　修正申告の日
　　　　令和6年12月20日　　　未納関税額を全額納付した日

解答79　　80,100 円

1　延滞日数

　延滞日数は、法定納期限（輸入の許可の日の属する月の翌月末日である 7 月 31 日）の翌日から未納関税額の納付の日までの日数である。

　8 月－ 31 日、9 月－ 30 日、10 月－ 31 日、11 月－ 30 日、12 月－ 20 日　計 142 日

　このうち、納期限（修正申告の日）の翌日から 2 月を経過する日（11 月 30 日）後の延滞日数は 20 日となる。

2　延滞税の額

　6,279,900 円

　　　↓　1 万円未満の端数切捨て

　6,270,000 円 × 2.4% × 122 日（142 日－ 20 日）÷ 365 日 ＝ 50,297 円

　　　　　　　　　　　　　　　　　　（1 円未満の端数切捨て）

　6,270,000 円 × 8.7% × 20 日 ÷ 365 日 ＝ 29,889 円（1 円未満の端数切捨て）

　50,297 円 ＋ 29,889 円 ＝ 80,186 円

　　　　　　↓　百円未満の端数切捨て

　　　　　　80,100 円

根拠規定：関法第 9 条第 2 項第 4 号、第 12 条、附則第 6 項

5　加算税

問題 80　　特例輸入者が、輸入の許可を受けた特例申告貨物について期限後特例申告書を提出して、関税額 482,600 円を納付し、当該関税額には無申告加算税が課された。その後、税関による関税についての調査に基づく指摘により、当該期限後特例申告書の提出により納付した関税額が誤りであったことが判明し、修正申告により、不足していた関税額 2,863,500 円を納付した。当該修正申告により納付すべき関税額には無申告加算税が課されることとなったが、その無申告加算税の額を計算しなさい。

　　なお、当該期限後特例申告書の提出は、決定があるべきことを予知してされたものではないが、税関からの調査通知を受けてからされたものである。また、当該特例輸入者は、当該修正申告があった日の前日から起算して 5 年前の日までの間に、関税について、10％の税率が適用される無申告加算税を課されたことがある。

解答80　　891,000 円

1　無申告加算税額の計算

　更正があるべきことを予知した修正申告であるため、15％の無申告加算税が課されるが、期限後特例申告書の提出により納付した 482,600 円が累積納付税額に該当するため、加算後累積納付税額は、2,863,500 円＋ 482,600 円＝ 3,346,100 円となり 300 万円を超えることから、まず、加算後累積納付税額の 1 万円未満の端数を切り捨てた 3,340,000 円について、次により計算する。

　500,000 円　×　15％　＝　75,000 円
　2,500,000 円　×　20％　＝　500,000 円
　340,000 円　×　30％　＝　102,0000 円　　　　合計 677,000 円　①

　次に、累積納付税額の 1 万円未満の端数を切り捨てた 480,000 円について、次により計算し、①との差額を算出する。

　480,000 円　×　15％　＝　72,000 円…②
　①　－　②　＝　605,000 円…③

2　加重する無申告加算税額の計算

　特例輸入者は、修正申告があった日の前日から起算して 5 年前の日までの間に、関税について、10％の税率が適用される無申告加算税を課されたことがあるので、当該修正申告により納付すべき税額の 10％が加重される。

　2,863,500 円
　　　↓　1 万円未満の端数切捨て
　2,860,000 円　×　10％　＝　286,000 円…④

3　無申告加算税額

　③　＋　④　＝　891,000 円

根拠規定：関法第 12 条の 3 第 3 項、第 4 項第 1 号

問題 81　　M社は、輸入貨物について輸入の時（令和6年7月3日）まで
に納税申告をしなかったことから、書面により保存されている関税
関係書類に記載された事項に関し、関税法第7条の16第2項の規
定による税関長の決定により、関税額270万円を納付することと
なった。270万円のうち150万円は、関税の課税標準等又は納付す
べき関税額の計算の基礎となるべき事実の一部を隠蔽し又は仮装し
たことによる関税額であり、無申告加算税に代えて重加算税の課税
対象となる関税額である（270万円のうち120万円は、無申告加算
税の課税対象となる関税額である。）。当該決定により関税額を納付
する場合において、併せて納付すべき無申告加算税額及び重加算税
額の合計額を計算しなさい。

　　なお、M社は、令和5年及び令和4年に輸入した貨物に係る関税
について、無申告加算税に代わる重加算税に係る賦課決定をすべき
と認められている。

解答81　　1,085,000 円

1　納付すべき無申告加算税額の計算

（1）15%の無申告加算税額

1,200,000 円 × 15% ＝ 180,000 円…①

（2）5%の加重無申告加算税額

無申告加算税の対象となる関税額（120 万円）と 50 万円とを比較すると、当該関税額の方が大きいので、その差額には、5%の加重無申告加算税が課される。

1,200,000 円 － 500,000 円 ＝ 700,000 円

700,000 円 × 5% ＝ 35,000 円…②

（3）10%の加重無申告加算税額

M社は、決定に係る輸入貨物の輸入の年の前年及び前々年に輸入した貨物に係る関税について、無申告加算税に代わる重加算税に係る賦課決定をすべきと認められているので、決定により納付すべき税額の 10%が加重される。

1,200,000 円 × 10% ＝ 120,000 円…③

（4）納付すべき無申告加算税額

① ＋ ② ＋ ③ ＝ 335,000 円…④

2　納付すべき重加算税額の計算

（1）40%の重加算税額

1,500,000 円 × 40% ＝ 600,000 円…⑤

（2）10%の加重重加算税額

上記 1（3）の理由により、重加算税についても、重加算税の基礎となるべき税額の 10%が加重される。

1,500,000 円 × 10% ＝ 150,000 円…⑥

（3）納付すべき重加算税額

⑤ ＋ ⑥ ＝ 750,000 円…⑦

3　無申告加算税額及び重加算税額の合計額

④ ＋ ⑦ ＝ 1,085,000 円

根拠規定：関法第 12 条の 3 第 1 項、第 2 項、第 4 項第 2 号、第 12 条の 4 第 2 項、第 4 項第 2 号

Level

4

本試験レベル

問題 82　　N社は、外国貨物について輸入（納税）申告をして120万円の関
税を納付した事案について、税関の調査により、1,750,800円の未
納関税額があることを指摘され、書面により備付け及び保存がされ
ている関税関係帳簿並びに書面により保存されている関税関係書類
に記載された事項に関し、修正申告により当該未納関税額を納付す
ることとなった。

当該未納関税額1,750,800円のうち1,034,500円については、当該輸
入（納税）申告において納付すべき関税額の基礎となる課税価格の
一部を隠蔽したことによるものと認定され、重加算税が課されるこ
ととなったが、当該未納関税額の納付に併せて納付すべき過少申告
加算税の額及び重加算税の額の合計額を計算しなさい。

なお、N社は、当該外国貨物の輸入の日の属する年の前年及び
前々年に輸入した貨物に係る関税について、それぞれ当該前年及び
前々年において過少申告加算税に代わる重加算税を課されたことが
ある。

解答82　　534,500円

1　過少申告加算税額の計算

　　過少申告加算税の課税標準は、未納関税額のうち重加算税の対象となる関税額を控除した金額である。

1,750,800円 － 1,034,500円 ＝ 716,300円

↓　1万円未満の端数切捨て

710,000円 × 10％ ＝ 71,000円…①

　　なお、716,300円が50万円と当初申告による納税額のいずれか多い方（1,200,000円）を超えていないことから、加重過少申告加算税は課されない。

2　重加算税額の計算

1,034,500円

↓　1万円未満の端数切捨て

1,030,000円 × 35％ ＝ 360,500円…②

3　加重重加算税額の計算

　　重加算税が課される基因となった修正申告に係る貨物の輸入の日の属する年の前年及び前々年において、関税について過少申告加算税に代わる重加算税が課されたことがあるということは、当該修正申告があった日の前日から起算して5年前の日までの間に、関税について重加算税を課されたことがあるということになるので、重加算税の基礎となるべき税額の10％が加重される。

1,030,000円 × 10％ ＝ 103,000円…③

4　過少申告加算税額と重加算税額の合計

① ＋ ② ＋ ③ ＝ 534,500円

根拠規定：関法第12条の2第1項、第2項、第12条の4第1項、第4項第1号

■ Level 5 本試験レベル（難解問題中心）

1 税額計算

問題 83　本邦と外国との間を往来する船舶に積み込むことの承認を受けて
保税地域から引き取られた外国貨物である船用品（課税価格
1,244,642円）が、税関長の指定した期間内に当該船舶に積み込ま
れなかった。

　　この場合において、次の事例A及び事例Bのそれぞれについて、
納付すべき関税額を計算しなさい。

　（事例A）船用品として積込みの承認を受けた日後、税関長が指定
　　　　　した積込みの期間を経過した日までに税率改正があった
　　　　　場合
　（事例B）貨物を保税地域に入れた日後、船用品として積込みの承
　　　　　認を受けた日までに税率改正があった場合

　それぞれの日において適用される関税率

	貨物を保税地域に入れた日	船用品として積込みの承認を受けた日	税関長が指定した積込みの期間を経過した日
事例A	15.8%	15.8%	12.8%
事例B	15.3%	12.8%	12.8%

解答83　　事例A…196,500 円
　　　　　　　事例B…159,200 円

　船用品として積み込むことの承認を受けて保税地域から引き取られた外国貨物が、税関長の指定した期間内に積み込まれなかった場合には、直ちにその関税が徴収される。この場合に適用される法令は、その承認の日において適用される法令であることから、当該承認の日において適用される税率により納付すべき関税額を計算する。

事例 A の場合

　　1,244,642 円
　　　　↓　千円未満の端数切捨て
　　1,244,000 円 × 15.8% ＝ 196,552 円
　　　　　　　　　　　　↓　百円未満の端数切捨て
　　　　　　　　　　　196,500 円

事例 B の場合

　　1,244,642 円
　　　　↓　千円未満の端数切捨て
　　1,244,000 円 × 12.8% ＝ 159,232 円
　　　　　　　　　　　　↓　百円未満の端数切捨て
　　　　　　　　　　　159,200 円

根拠規定：関法第 4 条第 5 号、第 5 条第 1 号、第 13 条の 4、第 23 条第 6 項

問題 84　米国から加工ハム（豚肉）2,000kgを次に掲げる条件で輸入する場合の納付すべき関税額を計算しなさい。

1　輸入申告価格　　　　1,500,000円
2　品名　　　　　　　　豚肉加工ハム
3　税率
（1）豚肉加工品に係る分岐点価格以下のもの
　　基本　10%
　　協定　1,035円／kg
　　暫定　1キログラムにつき豚肉加工品に係る基準輸入価格に
　　　　　1.5を乗じて得た額と課税価格に0.6を乗じて得た額と
　　　　　の差額
（2）豚肉加工品に係る分岐点価格を超えるもの
　　基本　10%
　　協定　8.5%
　　暫定　8.5%
4　豚肉加工品に係る分岐点価格　　　　897円59銭／kg
5　豚肉加工品に係る基準輸入価格　　　409円90銭／kg

解答84　329,700 円

　本問題の設問3（1）と（2）のどちらの税率を適用するかを決定するためには、輸入貨物の単価を計算し、算出した単価と分岐点価格を比較する。

1　輸入貨物の1 kg当たりの単価
　　1,500,000 円 ÷ 2,000 kg ＝ 750 円
　　　分岐点価格以下であるので、税率は設問3（1）を適用する（暫定税率が設定されていることから、基本税率の適用はなく、協定税率と暫定税率のいずれか低い税率を適用）。
2　協定税率による関税額の計算
　　2,000kg × 1,035 円／kg ＝ 2,070,000 円
3　暫定税率による関税額の計算
　　イ　基準輸入価格に 1.5 を乗じて得た額
　　　　409.90 円／kg × 1.5 ＝ 614.85 円／kg…①
　　ロ　課税価格に 0.6 を乗じて得た額
　　　　1,500,000 円 ÷ 2,000 kg × 0.6 ＝ 450 円／kg…②
　　ハ　税率
　　　　① － ② ＝ 164.85 円／kg…③
　　ニ　関税額
　　　　2,000 kg × ③ ＝ 329,700 円
4　納付すべき関税額
　　上記2と3を比較すると、上記3の関税額の方が少ない（暫定税率の方が協定税率よりも低い）ことから、329,700 円となる。

（注）　本問題の場合、協定税率も従量税率であることから、上記③の税率と協定税率を比較した方が早く計算できる。

根拠規定：関法第7条

2　修正申告

問題 85　　次の2品目について、一の輸入（納税）申告書で申告し許可を受けたが、許可後において、次のとおり輸入数量が誤っていることが判明し、修正申告をすることとなった。当該修正申告により納付すべき関税額を計算しなさい。

品名	当初申告の輸入数量	正しい輸入数量	適用税率
A	6,803.88kg	8,164.66kg	8.50円／kg
B	4,550.25kg	6,825.35kg	112円／kg

解答85　266,400 円

1　修正申告前の関税額（当初申告により納付した関税額）

A　6,803.88 kg

↓　適用税率の円位以上が 1 桁なので小数点以下の端数切捨て

6,803 kg × 8.5 円／kg ＝ 57,825 円…① （1 円未満の端数切捨て）

B　4,550.25 kg

↓　適用税率の円位以上が 3 桁なので小数点以下 1 位未満の端数切捨て

4,550.2 kg × 112 円／kg ＝ 509,622 円…② （1 円未満の端数切捨て）

① ＋ ② ＝ 567,447 円

↓　百円未満の端数切捨て

567,400 円…③

2　修正申告後の関税額（本来納付すべき関税額）

A　8,164.66 kg

↓　適用税率の円位以上が 1 桁なので小数点以下の端数切捨て

8,164 kg × 8.5 円／kg ＝ 69,394 円…④

B　6,825.35 kg

↓　適用税率の円位以上が 3 桁なので小数点以下 1 位未満の端数切捨て

6,825.3 kg × 112 円／kg ＝ 764,433 円…⑤ （1 円未満の端数切捨て）

④ ＋ ⑤ ＝ 833,827 円

↓　百円未満の端数切捨て

833,800 円…⑥

3　修正申告により納付すべき関税額

⑥ － ③ ＝ 266,400 円

根拠規定：関法第 7 条の 14、第 13 条の 4、関法通達 13 の 4 － 2 （本書 3 頁）

問題86　　ジュースについて輸入（納税）申告をし許可を受けたが、許可後において、次のとおり課税価格及び輸入数量が誤っていることが判明し、修正申告をすることとなった。当該修正申告により納付すべき関税額を計算しなさい。

品名	ジュース
当初申告の課税価格	554,420円
正しい課税価格	677,750円
当初申告の輸入数量	7,200.36kg
正しい輸入数量	9,036.72kg
適用税率	29.8％又は23円／kgのうちいずれか高い税率

解答 86　　42,200 円

1　修正申告前の関税額（当初申告により納付した関税額）
　　イ　従価税率による関税額
　　　　554,000 円 × 29.8% = 165,092 円…①
　　ロ　従量税率による関税額
　　　　7,200.36 kg
　　　　　　↓　適用税率の円位以上が 2 桁なので小数点以下の端数切捨て
　　　　7,200 kg × 23 円／kg = 165,600 円…②
　　①と②を比較し、高い税率である②が納付すべき関税額となる。
　　　　165,600 円
　　　　　　↓　百円未満の端数切捨て
　　　　165,600 円…③

2　修正申告後の関税額（本来納付すべき関税額）
　　イ　従価税率による関税額
　　　　677,000 円 × 29.8% = 201,746 円…④
　　ロ　従量税率による関税額
　　　　9,036.72 kg
　　　　　　↓　適用税率の円位以上が 2 桁なので小数点以下の端数切捨て
　　　　9,036 kg × 23 円／kg = 207,828 円…⑤
　　④と⑤を比較し、高い税率である⑤が納付すべき関税額となる。
　　　　207,828 円
　　　　　　↓　百円未満の端数切捨て
　　　　207,800 円…⑥

3　修正申告により納付すべき関税額
　　⑥ － ③ = 42,200 円

根拠規定：関法第 7 条の 14、第 13 条の 4、関法通達 13 の 4 － 2（本書 3 頁）

3　更正（更正請求）

問題 87　　調製食料品について輸入（納税）申告をしたが、納税後において、次のとおり課税価格及び輸入数量に誤りがあることが判明し、関税法第7条の16の規定に基づき更正されることとなった。当該更正により結果として過納金となる額を計算しなさい。

品名	調製食料品
当初申告の課税価格	900,550円
正しい課税価格	655,350円
当初申告の輸入数量	8,200.751kg
正しい輸入数量	7,000.558kg
適用税率	29.8%　＋　1,155円／kg

解答87　　1,459,200 円

1　当初申告により納付した関税額

　　イ　従価税率による関税額

　　　　900,000 円 × 29.8% = 268,200 円…①

　　ロ　従量税率による関税額

　　　　8,200.751 kg

　　　　　↓　適用税率の円位以上が 4 桁なので小数点以下 2 位未満の端数切捨て

　　　　8,200.75 kg × 1,155 円／kg = 9,471,866 円…②（1 円未満の端数切捨て）

　　① + ② = 9,740,066 円

　　　　　　　　↓　百円未満の端数切捨て　（注）

　　　　　　　9,740,000 円…③

2　本来納付すべき関税額

　　イ　従価税率による関税額

　　　　655,000 円 × 29.8% = 195,190 円…④

　　ロ　従量税率による関税額

　　　　7,000.558 kg

　　　　　↓　適用税率の円位以上が 4 桁なので小数点以下 2 位未満の端数切捨て

　　　　7,000.55 kg × 1,155 円／kg = 8,085,635 円…⑤（1 円未満の端数切捨て）

　　④ + ⑤ = 8,280,825 円

　　　　　　　　↓　百円未満の端数切捨て　（注）

　　　　　　　8,280,800 円…⑥

3　更正により過納金となる額

　　③ － ⑥ = 1,459,200 円

（注）　従価・従量税の場合の関税額は、それぞれの関税率で計算して得た関税額の合計額から百円未満の端数を切り捨てた額である。

根拠規定：関法第 7 条の 16 第 1 項、第 13 条の 4、関法通達 13 の 4 － 2（本書 3 頁）

問題 88　　ジュースについて輸入（納税）申告をしたが、納税後において、次のとおり課税価格及び輸入数量に誤りがあることが判明し、関税法第7条の15の規定に基づき更正の請求を行うこととなった。関税更正請求書に記載すべき当該更正の請求により減少する税額を計算しなさい。

品名	ジュース
当初申告の課税価格	385,900円
正しい課税価格	301,750円
当初申告の輸入数量	4,900.55kg
正しい輸入数量	3,899.99kg
適用税率	29.8%又は23円／kgのうちいずれか高い税率

解答 88　　25,100 円

1　当初申告により納付した関税額

　　イ　従価税率による関税額

　　　　385,000 円 × 29.8% = 114,730 円…①

　　ロ　従量税率による関税額

　　　　4900.55 kg

　　　　　↓　適用税率の円位以上が 2 桁なので小数点以下の端数切捨て

　　　　4900 kg × 23 円／kg = 112,700 円…②

　　①と②を比較し、高い税率である①が納付すべき関税額となる。

　　　　114,730 円

　　　　　↓　百円未満の端数切捨て

　　　　114,700 円…③

2　本来納付すべき関税額

　　イ　従価税率による関税額

　　　　301,000 円 × 29.8% = 89,698 円…④

　　ロ　従量税率による関税額

　　　　3,899.99 kg

　　　　　↓　適用税率の円位以上が 2 桁なので小数点以下の端数切捨て

　　　　3,899 kg × 23 円／kg = 89,677 円…⑤

　　④と⑤を比較し、高い税率である④が納付すべき関税額となる。

　　　　89,698 円

　　　　　↓　百円未満の端数切捨て

　　　　89,600 円…⑥

3　更正の請求により減少する関税額

　　　　③ － ⑥ = 25,100 円

根拠規定：関法第 7 条の 15、第 13 条の 4、関法通達 13 の 4 － 2（本書 3 頁）

4　延滞税

問題89　次に掲げる経緯で、輸入の許可後に修正申告を行うことになった場合において、当該修正申告により納付すべき関税額に併せて納付すべき延滞税の額を計算しなさい。

　　なお、延滞税の税率は、令和5年、令和6年のいずれも年2.4%（当該関税の納期限の翌日から2月を経過する日後は年8.7%）として計算しなさい。

（注）　令和6年は、閏年である。

令和5年5月23日　　輸入（納税）申告（当初申告）をした日及び輸入許可の日

令和5年5月24日　　保税蔵置場から貨物を搬出した日

令和5年11月17日　　次のとおり、課税価格及び適用税率に誤りのあることを知った日

当初申告時		修正申告時	
課税価格	適用税率	課税価格	適用税率
2,942,384円	3.5%	9,325,120円	9.8%

令和5年11月28日　　修正申告をした日

令和6年3月4日　　未納関税額を納付するための資金を調達することができた日

令和6年3月5日　　未納関税額を全額納付した日

解答89　　20,400 円

1　未納関税額

2,942,000 円 × 3.5% ＝ 102,970 円 → 102,900 円（百円未満の端数切捨て）

9,325,000 円 × 9.8% ＝ 913,850 円 → 913,800 円（百円未満の端数切捨て）

913,800 円 － 102,900 円 ＝ 810,900 円

2　延滞日数は、法定納期限である輸入の許可の日（令和 5 年 5 月 23 日）の翌日から未納関税額を全額納付した日（令和 6 年 3 月 5 日）までの 287 日である。

令和 5 年 5 月－ 8 日、6 月－ 30 日、7 月－ 31 日、8 月－ 31 日、9 月－ 30 日、

10 月－ 31 日、11 月－ 30 日、12 月－ 31 日　計 222 日

令和 6 年 1 月　31 日、2 月　29 日、3 月－ 5 日　計 65 日

3　未納関税額の納期限は、修正申告をした日（令和 5 年 11 月 28 日）であり、その翌日から 2 月を経過する日（令和 6 年 1 月 28 日）後の延滞日数は 37 日である。

令和 6 年 1 月－ 3 日、2 月－ 29 日、3 月－ 5 日

4　延滞税額の計算

（1）令和 5 年分の延滞税額

810,900 円

↓　1 万円未満の端数切捨て

810,000 円 × 2.4% × 222 日 ÷ 365 日 ＝ 11,823 円…①

（1 円未満の端数切捨て）

（2）令和 6 年分の延滞税額

年 2.4% 適用分

810,000 円 × 2.4% × 28 日（65 日－ 37 日）÷ 365 日 ＝ 1,491 円…②

（1 円未満の端数切捨て）

年 8.7% 適用分

810,000 円 × 8.7% × 37 日 ÷ 365 日 ＝ 7,143 円…③

（1 円未満の端数切捨て）

（3）納付すべき延滞税額の合計

① ＋ ② ＋ ③ ＝ 11,823 円 ＋ 1,491 円 ＋ 7,143 円 ＝ 20,457 円

百円未満の端数切捨て　↓

20,400 円

（注）　閏年でも 1 年は 365 日で計算するが、2 月の日数は 29 日である。

根拠規定：関法第 9 条第 2 項第 4 号、第 12 条、附則第 6 項

問題 90　　次に掲げる経緯で、輸入の許可を受けて国内販売した貨物について税関の調査を受け、未納の関税額 2,345,800 円を納付すべきとの更正通知書が発せられた。しかし、この更正通知書に記載された関税額を納付することができたのは、更正通知書を受け取った日から半年後であった。この場合について、当該関税額に併せて納付すべき延滞税の額を計算しなさい。

　　なお、延滞税の税率は、平成28年（閏年）は年2.8％（当該関税の納期限の翌日から2月を経過する日後は年9.1％）とし、平成29年は年2.7％（当該関税の納期限の翌日から2月を経過する日後は年9.0％）として、計算しなさい。

　　　平成28年5月23日　　　輸入（納税）申告をした日
　　　平成28年5月24日　　　輸入の許可の日
　　　平成28年11月15日　　税関から更正通知書が発せられた日
　　　平成28年11月17日　　更正通知書を受け取った日
　　　平成29年5月16日　　　未納関税額を全額納付した日

解答90　　99,500 円

1　未納関税額…2,345,800 円

2　延滞日数は、法定納期限である輸入の許可の日（平成 28 年 5 月 24 日）の翌日から
　未納関税額を全額納付した日（平成 29 年 5 月 16 日）までの 357 日であり、このうち、
　平成 28 年分は 221 日、平成 29 年分は 136 日となる。

　　5 月－ 7 日、6 月－ 30 日、7 月－ 31 日、8 月－ 31 日、9 月－ 30 日、
　　10 月－ 31 日、11 月－ 30 日、12 月－ 31 日、平成 29 年 1 月－ 31 日、
　　2 月－ 28 日、3 月－ 31 日、4 月－ 30 日、5 月－ 16 日

3　未納関税額の納期限は、更正通知書が発せられた日（平成 28 年 11 月 15 日）の翌
　日から起算して 1 月を経過する日（平成 28 年 12 月 15 日）であり、その翌日から 2
　月を経過する日（平成 29 年 2 月 15 日）後の延滞日数は 90 日である。

　　2 月　　13 日、3 月　　31 日、4 月－ 30 日、5 月－ 10 日

4　延滞税額の計算

　（1）平成 28 年分の延滞税額

　　　2,345,800 円

　　　　↓　1 万円未満の端数切捨て

　　　2,340,000 円 × 2.8% × 221 日 ÷ 365 日 ＝ 39,671 円…①

　　　　　　　　　　　　（1 円未満の端数切捨て）

　（2）平成 29 年分の延滞税額

　　　イ　2,340,000 円 × 2.7% × 46 日（136 日－ 90 日）÷ 365 日 ＝ 7,962 円

　　　　　　　　　　　　　　　　（1 円未満の端数切捨て）

　　　ロ　2,340,000 円 × 9.0% × 90 日 ÷ 365 日 ＝ 51,928 円

　　　　　　　　　　　　　　　　（1 円未満の端数切捨て）

　　　合計　　　　　　7,962 円 ＋ 51,928 円　　　　＝ 59,890 円…②

　（3）2 年分の合計

　　　① ＋ ② ＝ 39,671 円 ＋ 59,890 円 ＝ 99,561 円

　　　　　　　　　↓　　百円未満の端数切捨て

　　　　　　　　99,500 円

根拠規定：関法第 9 条第 2 項第 5 号、第 12 条、附則第 6 項

問題 91　　次に掲げる経緯で、輸入の許可後に修正申告を行い、未納の関税
額1,129,300円を納付することになった場合において、当該関税額
に併せて納付すべき延滞税の額を計算しなさい。

なお、延滞税の税率は、年2.4％（当該関税の納期限の翌日から
2月を経過する日後は年8.7％）として、計算しなさい。

令和6年4月11日	輸入（納税）申告（当初申告）をした日及び輸入許可前貨物引取り承認の申請の日
令和6年4月12日	輸入許可前貨物引取り承認の日
令和6年5月13日	「輸入許可前引取承認貨物に係る関税納付通知書」が発せられた日
令和6年5月17日	当初申告に係る関税額の納付の日及び輸入の許可の日
令和6年6月24日	修正申告をした日
令和6年10月25日	未納関税額を全額納付した日

解答91　　24,100 円

1　未納関税額…1,129,300 円

2　延滞日数は、法定納期限である「輸入許可前引取承認貨物に係る関税納付通知書」が発せられた日（5 月 13 日）の翌日から未納関税額を全額納付した日（10 月 25 日）までの 165 日である。

　　5 月- 18 日、6 月- 30 日、7 月- 31 日、8 月- 31 日、9 月- 30 日、10 月- 25 日

3　未納関税額の納期限は、修正申告をした日（6 月 24 日）であり、その翌日から 2 月を経過する日（8 月 24 日）後の延滞日数は 62 日である。

　　8 月- 7 日、9 月- 30 日、10 月- 25 日

4　延滞税額の計算

（1）1,129,300 円

　　　　↓　1 万円未満の端数切捨て

　　1,120,000 円 × 2.4% × 103 日（165 日- 62 日）÷ 365 日 ＝ 7,585 円…①

　　　　　　　　　　　　　　　　　　　　（1 円未満の端数切捨て）

（2）1,129,300 円

　　　　↓　1 万円未満の端数切捨て

　　1,120,000 円 × 8.7% × 62 日 ÷ 365 日 ＝ 16,551 円…②

　　　　　　　　　　　　　　　　　　（1 円未満の端数切捨て）

（3）延滞税の合計

　　①＋②＝ 7,585 円＋ 16,551 円＝ 24,136 円

　　　　　　　　　　　　↓　百円未満の端数切捨て

　　24,100 円

根拠規定：関法第 9 条第 2 項第 4 号、第 12 条、附則第 6 項

問題 92　外国貨物について輸入（納税）申告をし許可を受けたが、許可後において、下表１のとおり適用税率に誤りがあることが判明し、下表２の経緯で修正申告を行う場合に、当該修正申告により納付すべき関税額及び延滞税の額の合計額を計算しなさい。なお、延滞税の税率は、年2.4％（当該関税の納期限の翌日から２月を経過する日後は年8.7％）として、計算しなさい。

（表１）

	課税標準額	課税標準数量	適用税率
修正申告前（輸入（納税）申告時）	526,700円	4,070.96kg	21.3％又は27.50円/kg のうちいずれか高い税率
修正申告時	同上	同上	85.7％又は110.90円/kg のうちいずれか高い税率

（表２）

令和６年５月８日	輸入（納税）申告及び関税の納期限の延長の承認日
令和６年５月９日	輸入の許可の日
令和６年５月10日	保税蔵置場から貨物を搬出した日
令和６年８月９日	関税の納期限の延長の期限日及び当初の輸入（納税）申告に係る関税額の納付の日
令和６年９月13日	修正申告及び当該修正申告に係る関税額の納付の日

解答 92　　342,100 円

1　修正申告前の関税額の計算
　（1）従価税率による関税額
　　　526,700 円
　　　　　↓　千円未満の端数切捨て
　　　526,000 円 × 21.3% ＝ 112,038 円
　（2）従量税率による関税額
　　　4,070.96 kg
　　　　　↓　適用税率の円位以上が 2 桁なので小数点以下の端数切捨て
　　　4,070 kg × 27.50 円／kg ＝ 111,925 円
　（3）上記（1）の関税率の方が高いことから、
　　　112,038 円
　　　　　↓　百円未満の端数切捨て
　　　112,000 円…①
2　修正申告後の関税額の計算
　（1）従価税率による関税額
　　　526,700 円
　　　　　↓　千円未満の端数切捨て
　　　526,000 円 × 85.7% ＝ 450,782 円
　（2）従量税率による関税額
　　　4,070.96 kg
　　　　　↓　適用税率の円位以上が 3 桁なので小数点以下 1 位未満の端数切捨て
　　　4,070.9 kg × 110.90 円／kg ＝ 451,462 円（1 円未満の端数切捨て）
　（3）上記（2）の関税率の方が高いことから、
　　　451,462 円
　　　　　↓　百円未満の端数切捨て
　　　451,400 円…②
3　修正申告により納付すべき関税額
　　　② － ① ＝ 339,400 円…③
4　延滞税額の計算
　（1）延滞日数は、法定納期限である輸入の許可の日（5 月 9 日）の翌日から修正申
　　　告により納付すべき関税額を納付した日（9 月 13 日）までの 127 日である。
　　　　5 月－ 22 日、6 月－ 30 日、7 月－ 31 日、8 月－ 31 日、9 月－ 13 日
　（2）修正申告により納付すべき関税額の納期限は当該修正申告の日であり、その日
　　　に納付していることから、8.7％の延滞税率を適用する日数はない。
　　　　したがって、③の関税額に対し課される延滞税の額は、次のように計算する。
　　　339,400 円
　　　　　↓　1 万円未満の端数切捨て
　　　330,000 円 × 2.4% × 127 日 ÷ 365 日 ＝ 2,755 円（1 円未満の端数切捨て）
　　　　　　　　　　　　　　　　　　↓　百円未満の端数切捨て
　　　　　　　　　　　　　　　　2,700 円…④
5　修正申告により納付すべき関税額と延滞税額の合計額
　　　③ ＋ ④ ＝ 342,100 円
（注）　納期限が延長された関税の法定納期限は当該延長された期限であるが、これは、
あくまで当初の輸入（納税）申告により納付した関税の法定納期限であり、未納関税額
の法定納期限は原則どおり輸入許可の日であることから、注意を要する。
根拠規定：関法第 7 条の 14、第 9 条第 2 項第 4 号、第 12 条、第 13 条の 4、附則第 6 項、
関法通達 13 の 4 － 2（本書 3 頁）

Level
5
本試験レベル

5　加算税

問題 93　　外国貨物について輸入（納税）申告をしたが、納税（関税額748,300円）後において、税関からの調査通知後に、更正があるべきことを予知することなく修正申告をし、その納付関税額（856,900円）に過少申告加算税が課された。更にその後、税関長の更正により関税額259,400円を納付し、その関税額に過少申告加算税が課されることとなった。当該更正に伴い課されることとなった過少申告加算税の額を計算しなさい。なお、当該修正申告及び更正は、書面により備付け及び保存がされている関税関係帳簿に記載されている事項に関し行われたものである。

解答93　　37,500 円

1　過少申告加算税額の計算

　　更正に伴う過少申告加算税の税率は 10％である。

　　259,400 円

　　　　↓　　1 万円未満の端数切捨て

　　250,000 円 × 10％ ＝ 25,000 円…①

2　加重過少申告加算税額の計算

　　修正申告による納付関税額が累積増差税額に該当するため、これを更正による納付関税額に加算すると、856,900 円＋ 259,400 円＝ 1,116,300 円となり、当初申告による納付関税額（748,300 円）と 50 万円のいずれか多い額である 748,300 円を超えるので、本来は、その超える部分である 368,000 円（＝ 1,116,300 円－ 748,300 円）の 5 ％が加重されるところであるが、更正による納付関税額 259,400 円が当該超える部分 368,000 円に満たないので、259,400 円の 5 ％が加重される（368,000 円と 259,400 円との差額 108,600 円の 5 ％については、当該修正申告の際に加重されているため）。

　　259,400 円

　　　　↓　　1 万円未満の端数切捨て

　　250,000 円 × 　5 ％ ＝ 12,500 円…②

3　過少申告加算税額

　　① ＋ ② ＝ 37,500 円

根拠規定：関法第 12 条の 2 第 1 項、第 2 項かっこ書

Level

5

本試験レベル

問題 94　　特例輸入者が、次の経緯により輸入の許可を受けた特例申告貨物に係る期限後特例申告書を提出した後に、当該申告に関し修正申告書を提出した。この場合において、当該期限後特例申告書の提出は、決定があるべきことを予知せず、税関からの調査通知がある前に行われたものであり、当該修正申告書の提出は、更正があるべきことを予知せず、税関からの調査通知を受けた後に、自社内の調査で判明した事実に基づき行われたものである。当該期限後特例申告書の提出及び修正申告により納付すべき関税額には無申告加算税が課されたが、その課された無申告加算税の額の合計額を計算しなさい。

　　なお、当該特例輸入者は、当該期限後特例申告書の提出があった日の前日から起算して5年前の日までの間及び当該修正申告があった日の前日から起算して5年前の日までの間に、無申告加算税又は重加算税を課されたことはない。また、令和5年及び令和4年に輸入した貨物（特例申告の場合にあっては、輸入が許可された貨物）に係る関税について、無申告加算税又は重加算税を課されたことはなく、無申告加算税又は無申告加算税に係る賦課決定をすべきと認められてもいない。

令和6年5月9日　　　輸入申告及び輸入の許可の日
令和6年6月30日　　特例申告書の提出期限
令和6年7月8日　　　期限後特例申告書の提出及び当該期限後特例申告書に係る関税額（4,346,800円）の納付の日
令和6年10月11日　　修正申告書の提出及び当該修正申告書に係る関税額（650,000円）の納付の日

解答 94　　289,500 円

1　期限後特例申告書の提出に係る無申告加算税額の計算

　　期限後特例申告書の提出に係る無申告加算税の税率は、原則として 15％であるが、本問題の期限後特例申告書の提出は、決定があるべきことを予知してされたものでなく、税関からの調査通知がある前に行われたものであることから、関税法第 12 条の 3 第 6 項の規定に基づき税率は 5 ％となる（当該期限後特例申告書は、期限内特例申告書の提出期限から 1 月以内に行われているが、本問題には、期限内特例申告書を提出する意思があったと認められる旨の記述はないことから、同条第 7 項の規定により、無申告加算税を課さないとすることはできない。）。

　　4,346,800 円
　　　↓　1 万円未満の端数切捨て
　　4,340,000 円　×　5％　＝　217,000 円…①

　　なお、期限後特例申告書の提出により納付すべき関税額が 50 万円を超える場合には、原則として、同条第 2 項の規定に基づき、その超える部分に対して 5％の無申告加算税が加重されることとなっているが、本問題の場合には、期限後特例申告書の提出が税関からの調査通知がある前に行われたものであるため、同条第 6 項の規定により同条第 2 項の規定は適用されないので、5％の加重はされない。

2　修正申告に係る無申告加算税額の計算

（1）期限後特例申告書の提出後にされた修正申告に係る無申告加算税の税率は、原則として 15％であるが、本問題の修正申告書の提出は、更正があるべきことを予知してされたものでなく、税関による調査通知を受けた後、税関による非違事項の指摘等を受ける前に行われたものであることから、関税法第 12 条の 3 第 1 項かっこ書の規定に基づき、税率は 10％となる。

　　　　650,000 円　×　10％　＝　65,000 円…②

（2）期限後特例申告書の提出により納付すべき関税額（累積納付税額に該当）とその提出後にされた修正申告により納付すべき関税額の合計額（加算後累積納付税額）が 50 万円を超える場合は、原則として、その超える部分に対して 5％の無申告加算税が加重される。この場合、累積納付税額には、関税法第 12 条の 3 第 6 項の規定の適用がある期限後特例申告書の提出に基づいて納付すべき税額（本問題では上記 1 の記述から、4,346,800 円）は算入されないので、加重分の無申告加算税額の計算は次のとおりとなる。

　　　　（650,000 円　－　500,000 円）×　5％　＝　7,500 円…③

3　納付すべき無申告加算税額

　　①　＋　②　＋　③　＝　217,000 円　＋　65,000 円　＋　7,500 円　＝　289,500 円

根拠規定：関法第 12 条の 3 第 1 項かっこ書、第 2 項、第 6 項、関法通達 12 の 3 － 8

問題 95　　Y社は、外国貨物について輸入（納税）申告をしたが、納税（関税額70万円）後の税関の調査により、書面により備付け及び保存がされている関税関係帳簿並びに書面により保存されている関税関係書類に記載されている事項に関し、税関長から更正を受け、未納関税額300万円を納付した。

　　この300万円のうち200万円は、税額等の計算の基礎となるべき事実の一部を隠蔽したことによる増差税額であり、過少申告加算税に代えて重加算税の課税対象となる増差税額である。

　　なお、税関は、Y社について、当該更正があった日の前日から起算して5年前の日までの間に、関税について重加算税が課された事実があることを把握している。

　　Y社が、当該更正により納付すべき過少申告加算税及び過少申告加算税に代えて課される重加算税の額を計算しなさい。

問題 96　　S社は、納税申告が必要とされている貨物につきその輸入の時までに納税申告をしなかったため、税関長の決定により関税額3,685,200円を納付し、10%の税率が適用される無申告加算税を課された。その後、S社は、納付した関税額が誤っていたことに気づき、更正があるべきことを予知せず、税関からの調査通知がある前に修正申告をして、関税額458,900円を納付した。当該修正申告により納付した関税額には無申告加算税が課されることとなったが、その課されることとなった無申告加算税の額を計算しなさい。

　　なお、S社は、当該貨物の輸入の日の属する年の前年及び前々年に輸入した貨物に係る関税について、10%の税率が適用される無申告加算税を課されたことがある。

解答 95　　過少申告加算税額　　　115,000 円
　　　　　　重加算税額　　　　　　900,000 円

1　過少申告加算税額の計算

更正により納付する関税額（300 万円）から重加算税の対象となる関税額（200 万円）を控除した額（100 万円）が、過少申告加算税の対象となり、これに 10％の過少申告加算税が課される。

また、加重過少申告加算税の対象額は、過少申告加算税の課税対象額から基準額（当初納付の関税額 70 万円が 50 万円より多いことから、70 万円）を控除した額であり、30 万円（= 100 万円 − 70 万円）に 5％の過少申告加算税が加重される。

　過少申告加算税額 = 100 万円 × 10％ + 30 万円 × 5％ = 11.5 万円

2　重加算税額の計算

重加算税の対象となる額は 200 万円であり、これに 35％の重加算税が課される。

更に、本問題においては、Y 社は、過去 5 年間のうちに、関税について重加算税が課された事実があるため、関税法第 12 条の 4 第 4 項第 1 号の規定に基づき、10％が加重される。

　重加算税額 = 200 万円 × （35％ + 10％） = 90 万円

根拠規定：関法第 12 条の 2 第 1 項、第 2 項、第 12 条の 4 第 1 項、第 4 項第 1 号

解答 96　　22,500 円

更正があるべきことを予知せず、税関からの調査通知がある前に行った修正申告により納付すべき税額に課される無申告加算税の税率は 5 ％であり、この場合は、無申告加算税に係る加重措置は適用されない。したがって、無申告加算税額は、

458,900 円
　↓　　1 万円未満の端数切捨て
450,000 円 × 5％ = 22,500 円

根拠規定：関法第 12 条の 3 第 4 項、第 6 項

課税価格の計算

Level 1　要点知識の確認

Level 2　要点知識の習得

Level 3　要点知識の定着

Level 4　本試験レベル（標準問題中心）

Level 5　本試験レベル（難解問題中心）

課税価格の計算のポイント

1．課税価格の決定の原則による課税価格の計算（関税定率法第4条第1項）

課税価格（取引価格）＝現実支払価格＋加算要素

（1）現実支払価格

輸入取引（輸入貨物を現実に本邦に到着させることとなった売買）をするために買手により売手に対し又は売手のために現実に支払われた又は支払うべき価格。したがって、同一の貨物について複数の売買契約が存在する問題が出題されたときは、どの売買契約に基づき当該貨物が現実に本邦に到着したのか（すなわち、どの売買契約が「輸入取引」に該当するのか）を判断し、当該売買契約に基づく価格を基礎として課税価格を計算することとなる（当該売買契約以外の売買契約に基づく価格の情報は、当該貨物の課税価格の計算には関係のない情報である。）。

現実支払価格に該当するのは、基本的には仕入書価格（売買契約価格）である。この場合において、輸入者の自己活動費用（輸入貨物に係る研修費用、輸出者の工場の視察費用、輸入貨物に係る販売促進費用等）、輸入貨物の本邦到着後の費用（輸入港における検疫費用・荷役費用、輸入手続費用、国内運送費用、据付け・組立て・整備・技術指導費用、関税等の公課等）及び延払金利は、現実支払価格に含まれないので、このような費用等の額が仕入書価格に含まれており、その額が明らかであるときは、当該仕入書価格から控除しなければならない（ただし、その額が明らかでないものについては、当該額を含めて現実支払価格となる。）。現実支払価格については、次の点にも留意する。

イ　値引き

売手と買手との間で輸入貨物の輸入取引に関し値引きの取決めがある場合で、当該値引きが確定しているときは、当該値引き後の価格が現実支払価格となる。

例えば、輸入貨物の売買契約の中に値引きの取決めがあり、輸入貨物がその値引きの条件を満たしているのであれば、値引きは確定しているので、値引き後の価格を基礎として課税価格を計算する。一方、将来的に買手が売手から輸入貨物以外の貨物を購入することを条件に、当該輸入貨物の仕入書価格が10％値引きされた価格となっているような場合は、当該輸入貨物以外の貨物を買手が売手から購入した事実が問題文から読み取れない限り値引きは確定していないので、値引き前の価格、すなわち、当該仕入書価格に値引き額を加算した価格を基礎として課税価格を計算することとなる。

　なお、過去の輸入取引に係る値引き額を、課税価格の計算の対象となる輸入貨物の売買契約価格から控除して当該輸入貨物の仕入価格を設定しているような問題が出題されることがあるが、過去の輸入取引と当該輸入貨物の輸入取引は別のものであるので、この場合は、控除された過去の輸入取引に係る値引き額を当該仕入書価格に加算した価格を基礎として課税価格を計算する。

ロ　保証費用

　売手と買手との間で輸入貨物の輸入取引に関し保証の取決めがある場合（当該輸入取引に係る契約とは別に保証契約を締結することが、当該輸入取引をするために売手により義務付けられている場合を含む。）は、当該保証の費用は現実支払価格に含まれる。したがって、仕入書価格が当該保証の費用を考慮して設定されている場合は、その費用の額は控除せず、また、仕入書価格とは別に当該保証の費用を買手が負担する場合は、仕入書価格にその費用の額を加算したものが現実支払価格となる。なお、買手が自己のために保証の取決めを行いその費用を負担する場合は、その費用は現実支払価格に含まれない。

ハ　検査費用

　売手が自己のために行う輸入貨物に係る検査の費用を買手が負担する場合は、その費用は現実支払価格に含まれる。買手が自己のために輸入貨物に係る検査を行いその費用を負担する場合は、その費用は現実支払価格に含まれない。

ニ　輸入貨物の製造作業に従事する者に係る費用

　買手が売手の工場に社員等を派遣して、輸入貨物に係る研修を受けたり、売手の工場を視察したり、自己のために輸入貨物の検査をしても、当該社員等の賃金、渡航費、滞在費等は現実支払価格に含まれない。しかしながら、買手が、社員、技術者、アルバイト等を売手の工場に派遣して、輸入貨物の製造作業に従事させる場合は、その業務を行う者の渡航費、滞在費及び賃金等は、現実支払価格に含まれる。

ホ　輸出国（積替え国を含む。）における保管費用

　輸入取引に係る取引条件に従って買手に引き渡されるまでの間に輸入貨物が輸出国で保管される場合に、その保管の費用を買手が負担するときは、その費用は現実支払価格に含まれる。

　輸入取引に係る取引条件に従って買手に引き渡された後に、買手が自己のために輸入貨物を輸出国で保管する場合の費用は、現実支払価格に含まれない。ただし、その保管が船積予定船舶の到着遅延に伴う一時的保管であると

きは、その保管の費用は当該輸入貨物の本邦までの運送関連費用として加算要素となるため、課税価格に算入される。

　ヘ　別払金

　　輸入貨物の輸入取引をするために、仕入書価格のほかに、買手により売手に対し又は売手のために行われる別払金（割増金、契約料等）があるときは、当該別払金は現実支払価格に含まれる。

　ト　価格調整条項

　　輸入貨物の輸入取引に付されている価格調整条項により、仕入書価格について調整が行われた場合は、その調整後の価格が現実支払価格となる。例えば、価格調整条項により、為替変動調整金が売手に支払われれば、仕入書価格に当該為替変動調整金を加えた額が現実支払価格となり、為替変動調整金が買手に返金されれば、仕入書価格から当該為替変動調整金を控除した額が現実支払価格となる。

　チ　本来売手が負担すべき費用

　　本来売手が負担すべき費用を、輸入貨物の輸入取引をするために買手が仕入書価格と別に負担したり、当該輸入貨物の売買契約価格と相殺して仕入書価格を設定しているときは、当該仕入書価格にその費用を加えた額が現実支払価格となる。例えば、売手が第三者に対し有する債務を買手が弁済し、その弁済額が仕入書価格に含まれていない場合、売手が買手に対し有する債務（過去の輸入取引に係る値引き額、価格調整金、違約金、損害賠償金等）を相殺して仕入書価格としている場合は、仕入書価格にその弁済額や相殺額を加えた額が現実支払価格となる。

（2）加算要素

　　現実支払価格に含まれていない限度で、現実支払価格に加算する費用。

　イ　本邦の輸入港に到着するまでの運賃、保険料等運送関連費用（負担者を問わない。）

　　①　輸出国内の輸出港までの運送費用、コンテナー賃借料（輸入港到着日の翌日以降の賃借料が明らかであるときは、当該賃借料を除く。）、船舶改装費用（改装した船舶を原状に回復するための費用を除く。）、積載予定船舶到着遅延のための一時保管料、輸出手続費用（税関手続費用等）、輸出国におけるコンテナー・サービス・チャージ等を含む。

　　②　保険を付していない場合に通常の保険料を見積もることはなく、保険料の一部が払い戻された場合は、払戻し額を控除する。

　　③　本邦の輸入港到着後の運賃、保険料等運送関連費用は加算要素ではなく、現実支払価格にも含まれないが、その費用の額が明らかでなく、当該

　明らかでない額を含んだものとしてでなければ本邦の輸入港に到着するまでの運賃、保険料等運送関連費用の額を把握できない場合は、当該明らかでない額を含んだ額を輸入港に到着するまでの運賃、保険料等運送関連費用として取り扱う（例えば、輸出港から本邦の輸入者の倉庫までの運送に要する一括保険契約に係る保険料が支払われている場合において、本邦の輸入港到着後の保険料の額が明らかでないときは、当該一括保険契約に係る保険料の額を加算要素として課税価格に算入する。）。

ロ　仲介手数料、販売手数料等（輸入貨物の買付手数料を除く。）（買手が負担したもの）

　（注）輸入貨物の買付手数料は加算要素ではないため課税価格に算入しないが、買手が売手に対し無償で又は値引きをして提供した物品又は役務の買付手数料は加算要素であり課税価格に算入するので、注意すること（下記ホ参照）。

ハ　輸入貨物の容器費用（買手が負担したもの）

　「容器」は、収納する輸入貨物と一体として分類されるもので、関税定率法の規定により関税の免除又は軽減を受けるものは除く。

ニ　輸入貨物の包装費用（材料費のほか人件費等を含む。）（買手が負担したもの）

ホ　買手により無償提供（値引き提供を含む。）された物品又は役務に要する費用

　①　輸入貨物に組み込まれている材料、部分品等（スペア用を含む。本邦の法令により表示が義務付けられている事項のみが表示されたラベルを除く。）

　②　輸入貨物の生産に使用された物品（工具、鋳型、機械、設備、金型等）

　③　輸入貨物の生産過程で消費された物品（調味料、燃料、触媒等）

　④　輸入貨物の生産に関する役務（技術、設計、考案、工芸及び意匠。本邦において開発されたものを除く。）

　（注1）「に要する費用」は、無償提供物品・役務の取得費用（無償提供物品・役務を買手が自己と特殊関係にある者から取得したとき又は買手自ら生産・開発したときは、当該無償提供物品・役務の生産費（開発費、作成費））のほか、当該無償提供物品・役務に係る手数料（買付手数料を含む。）、その提供のための費用（運賃、保険料等）を含む。

　（注2）本邦において開発（作成）された役務そのものを無償提供しても、当該役務の費用は加算要素ではないが、当該役務を使用した物品（本邦において作成されたデザインをプリントした生地、本邦において開発された

意匠を使用した金型等）を無償提供したときは、当該物品に要する費用として、当該役務の開発費用は加算要素となる。

ヘ　輸入貨物に係る商標権、特許権等（輸入貨物を本邦において複製する権利を除く。）の使用に伴う対価で、輸入貨物の輸入取引をするために買手が支払うもの

ト　売手帰属収益

買手による輸入貨物の処分又は使用による収益（輸入貨物の再販売その他の処分又は使用により得られる売上代金、賃貸料、加工賃等を構成するもの）で直接又は間接に売手に帰属するものとされているもの（配当金等輸入貨物と関係のないものは含まない。）

（3）売買契約数量の一部を輸入する場合の課税価格

売買契約数量の一部を輸入する場合は、輸入する数量分の現実支払価格及び加算要素により課税価格を計算する。例えば、売買契約数量が100個で、このうち80個を輸入する場合において、現実支払価格や加算要素として100個分の額が示されているときは、80個分に按分して課税価格を計算する。

（4）ソフトウェアを記録したキャリアメディアの課税価格

ソフトウェアを記録したキャリアメディアの課税価格は、当該ソフトウェアの価格がキャリアメディアの価格と区別される場合は、キャリアメディアの価格（キャリアメディア自体の価格のほか、ソフトウェアを記録するための費用、梱包費用等を含む。）とする。この場合においては、次に留意する。

イ　「ソフトウェア」とは、データ処理機器の運用に関係する計算機プログラム等をいい、サウンド、シネマチック、ビデオ・レコーディングは含まない。

ロ　「キャリアメディア」とは、磁気テープ、磁気ディスク、カード等でソフトウェアを運搬・貯蔵するものをいい、集積回路、半導体等のデバイス、これらの回路やデバイスを組み込んだ物品は含まない。

ハ　したがって、コンピュータ用プログラムを記録している磁気ディスクの課税価格は、当該コンピュータ用プログラムの価格と磁気ディスクの価格が区別される場合は、磁気ディスクの価格となる。

ニ　一方、音楽を記録しているCD（あるいは映像を記録しているDVD）の課税価格は、当該音楽（映像）の価格とCD（DVD）の価格が区別されていても、当該音楽（映像）の価格を含んだ価格となる。

2．同種・類似貨物に係る取引価格による課税価格の計算（関税定率法第4条の2）

上記1により課税価格を計算できない場合に、輸入貨物と同種又は類似の貨物に係る取引価格から当該輸入貨物の課税価格を計算するもので、次を押さえてお

く。

（1）同種・類似貨物は、輸入貨物の本邦への輸出の日又はこれに近接する日（輸出の日の前後１月以内）に本邦に輸出されたもので、当該輸入貨物の生産国で生産されたものに限る。

（2）同種・類似貨物に係る取引価格は、課税価格の決定の原則により計算されたものに限る。

（3）同種貨物に係る取引価格が類似貨物に係る取引価格に優先する。

（4）輸入貨物の生産者が生産した同種・類似貨物に係る取引価格が当該生産者以外の生産者が生産した同種・類似貨物に係る取引価格に優先する。

（5）同順位の取引価格が二以上あるときは、最小の取引価格を採用する。

（6）輸入貨物と同種・類似貨物との間に、取引段階・取引数量や輸入港までの運賃等に差異があるときは、調整する。

３．輸入貨物又は同種・類似貨物の国内販売価格に基づく課税価格の計算（関税定率法第４条の３第１項第１号）

上記１及び２により課税価格を計算できない場合に、輸入貨物の国内販売価格又は当該輸入貨物と同種若しくは類似の貨物の国内販売価格から当該輸入貨物の課税価格を計算するもので、次を押さえておく。

（1）国内販売は、国内における売手と買手との間に特殊関係がないものに限られ、また、輸入貨物の課税物件確定の時の属する日（通常は輸入申告の日）又はこれに近接する期間内（当該課税物件確定の時の属する日の前後１月以内）のものに限る。

　　（注）国内販売の時期について上記によれない場合は、当該課税物件確定の時の属する日後90日以内の最も早い日における国内販売とする。

（2）同種・類似貨物は、輸入貨物の生産国で生産されたものに限る。

（3）輸入貨物の国内販売価格が最優先。次に同種貨物の国内販売価格が優先する。

（4）輸入貨物の輸入者が輸入した同種・類似貨物の国内販売価格が当該輸入者以外の輸入者が輸入した同種・類似貨物の国内販売価格に優先する。

（5）同順位の国内販売が二以上あるときは、販売数量が最大である単価に係る国内販売価格を採用する（当該単価に、当該単価に係る販売数量を乗じて得られた価格が採用する国内販売価格となる。）。

（6）採用する国内販売価格から、次の費用等を控除する。なお、問題文の中に輸入貨物に係る運賃・保険料や輸出国における保管料等が示されることがあるが、国内販売価格から課税価格を計算する場合には、採用する国内販売価格にこれらの費用は含まれていることから、輸入貨物に関し支払われた費用につい

ては、加算も減算もしないこと。

イ　輸入貨物と同類の貨物（当該輸入貨物の場合と同一の国以外の国から輸入
されるものを含む。）で輸入されたものの国内販売に係る通常の手数料又は
利潤及び一般経費

ロ　国内販売された輸入貨物又は同種・類似貨物に係る輸入港到着後国内にお
いて販売するまでの運送に要する通常の運賃、保険料その他当該運送に関連
する費用

ハ　国内販売された輸入貨物又は同種・類似貨物に係る本邦において課された
関税その他の公課

（注）国内における加工後の輸入貨物の国内販売価格から当該輸入貨物の課
税価格を計算する場合（関税定率法第４条の３第１項第２号。同項第１号
の規定により課税価格を計算できない場合で輸入者が希望するときに適
用）は、上記の費用等のほか、当該加工により付加された価額を控除する。

（7）採用する国内販売価格から上記（6）の費用等を控除して得られる価格は、
あくまで採用した単価に係る販売数量に対応するものであることから、当該控
除して得られる価格を当該販売数量で除して単価を算出し、当該単価に輸入貨
物の数量を乗じて得られる価格が課税価格となる。

4．輸入貨物の製造原価に基づく課税価格の計算（関税定率法第４条の３第２項）

上記１から３までにより課税価格を計算できない場合に（輸入者が希望する場
合は上記３に先立ち）、輸入貨物の製造原価から当該輸入貨物の課税価格を計算
するもので、次を押さえておく。

（1）輸入者と生産者との間に仲介者、代理人等が存在しない取引に基づく輸入貨
物の場合に限る。

（2）製造原価は、生産者により又は生産者のために提出された生産に関する資料、
特に生産者の商業帳簿により確認する。

（3）製造原価には、上記１（2）ハ及びニの費用（輸入貨物の容器又は包装に要
する費用）並びに上記１（2）ホの費用（無償提供物品・役務に要する費用）
を含む（本邦において開発された役務に要する費用であっても、生産者がこれ
を負担したときは、製造原価に含まれる。）。

（4）製造原価に次の費用を加える。

イ　輸入貨物の生産国で生産された輸入貨物と同類の貨物（当該輸入貨物の場
合と同一の国から輸入されるものに限る。）の本邦への輸出のための販売に
係る通常の利潤及び一般経費

ロ　輸入貨物の輸入港までの運賃等運送関連費用

（参考）上記１から４までにより課税価格を計算できない場合には、合理的な調整を加えたうえで上記１から４までにより課税価格を計算するが、それもできないときは、関税評価協定の規定に適合する方法として税関長が定める方法により課税価格を計算する（関税定率法第４条の４）。

5．変質・損傷に係る輸入貨物の課税価格（関税定率法第４条の５）

　　関税定率法第４条から第４条の４までの規定により課税価格を計算する場合において、輸入申告前に輸入貨物に変質又は損傷があったときは、その変質・損傷がなかったものとした場合の課税価格から、その変質・損傷による減価相当額を控除する。

（注）この規定は、その変質・損傷が売手・買手の想定外である場合に限り適用され、例えば、売手と買手との間に「３％までの変質はクレームの対象とならない」との取決めがある場合は、ある程度変質が生じることは予想されていることから、関税定率法第４条の５の規定は適用されない。

6．航空運賃特例（関税定率法第４条の６）

　　航空運賃特例は、航空運送貨物の課税価格を関税定率法第４条から第４条の４までの規定により計算する場合において、課税価格に算入する運賃及び保険料を通常の運送方法による運賃・保険料（原則、船舶運送による運賃・保険料）とするものである。航空運賃特例の対象となる貨物は法令に定められており、通関士試験の関税法等の問題には時々出題されるが、通関実務の計算問題の関連としては、次を押さえておく。

・　輸入貨物の製作の遅延その他買手の責めに帰すことのできない理由により、当該輸入貨物の本邦への到着が遅延し又は遅延するおそれが生じたため、運送方法を船舶から航空機に変更し、その変更費用を買手以外の者が全額負担する場合は、船舶により運送する場合の運賃・保険料を課税価格に算入する（関税定率法施行令第１条の13第６号）。

Level 1　要点知識の確認

問題 97　　次の取引内容に係る輸入貨物の課税価格を計算しなさい。

　　1　輸入者M（買手）は、食料品を輸入するため、Y国のX（売手）との間で売買契約を締結した。
　　2　当該食料品の売買契約書には、次の事項が記載されている。
　　　（1）売買単価　　　　　500円／kg
　　　（2）売買契約数量　　　10,000kg
　　　（3）引渡し条件　　　　FOBニューヨーク港
　　3　Mは、日本の船会社との間で、ニューヨークから東京港までの運送契約を締結し、運賃35,000円を支払う。
　　4　Mは、ニューヨーク港から東京港までの輸送に係る保険料として、10,000円を支払う。
　　5　Mは、日本における食品検査及び当該食料品の輸入通関のための費用として、50,000円を通関業者に支払う。
　　6　MとXとの間には、特殊関係はない。

問題 98　　次の取引内容に係る輸入貨物の課税価格を計算しなさい。

　　1　本邦のMは、本邦に到着させることを目的として、A国の生産者Xとの間でプラスチック製品の売買契約を締結（売買価格1,000,000円（FOB価格））した。
　　2　当該プラスチック製品の本邦への運送途上において、Mは本邦のYとの間で当該プラスチック製品を本邦に到着させることを目的とした売買契約を締結（売買価格1,500,000円（FOB価格））し、Yが当該プラスチック製品を輸入する。
　　3　Yは、当該プラスチック製品を本邦の輸入港まで運送するための運賃及び保険料100,000円並びにA国における当該プラスチック製品の包装に要する費用60,000円（当該包装に係る人件費25,000円を含む。）を負担する。
　　4　上記の者のいずれの間にも特殊関係はない。

解答 97　　5,045,000 円

　輸入貨物の課税価格は、買手の売手に対する支払の総額（現実支払価格）に、それに含まれていない限度で加算要素に係る費用等の額を加えた価格に基づいて計算される。

1　食料品の価格（現実支払価格）

　　500 円　×　10,000 kg　=　5,000,000 円…①

2　加算要素（輸入港までの運賃及び保険料）

　　35,000 円　+　10,000 円　=　45,000 円…②

3　設問 5 の輸入港到着後に発生する費用は、現実支払価格に含まれず、また、加算要素でもない。

　　課税価格　=　①　+　②　=　5,045,000 円

解答 98　　1,660,000 円

　輸入貨物について複数の取引が行われたときは、現実に当該輸入貨物が本邦に到着することとなった売買が「輸入取引」となるので、本問題では、M と Y との間の売買が輸入取引となり、M が売手、Y が買手となる。

1　現実支払価格

　　1,500,000 円…①

2　加算要素

　　（1）本邦の輸入港までの運賃及び保険料　　　100,000 円…②

　　（2）包装に要する費用　　　　　　　　　　　 60,000 円…③

　　　　　加算要素となる包装に要する費用には、材料費のほか、人件費等の費用を含む。

　　課税価格　=　①　+　②　+　③　=　1,660,000 円

問題 99　次の取引内容に係る輸入貨物の課税価格を計算しなさい。

1　輸入者M（買手）は、Tシャツを輸入するため、A国の輸出者X（売手）との間で売買契約を締結した。

2　当該Tシャツの売買契約書には、次の事項が記載されている。
（1）売買単価　　　　300円／枚
（2）売買契約数量　　6,000枚
（3）引渡し条件　　　Xの工場渡し条件
（4）Mは、当該Tシャツにプリントされる絵柄を無償でXに提供する旨

3　Mは、当該売買契約に基づき、XからTシャツ6,000枚を輸入する。

4　Mは、当該売買契約に従い、当該Tシャツの代金をXに支払う。

5　Mは、B国のデザイン会社Zが本邦で作成した絵柄を40,000円で購入し、インターネットでXに送信する。

6　Mは、A国のXの工場から本邦の輸入港までの運送に係る運賃、保険料その他運送関連費用（110,000円）を負担する。

7　上記の者のいずれの間にも特殊関係はない。

解答 99　　1,910,000 円

　輸入貨物の課税価格は、買手の売手に対する支払の総額（現実支払価格）に、それに含まれていない限度で加算要素に係る費用等の額を加えた価格に基づいて計算される。

1　Ｔシャツの購入価格（Ｘの工場渡し価格）（現実支払価格）
　　6,000 枚 × 300 円／枚 ＝ 1,800,000 円…①
2　Ｘの工場から本邦の輸入港までの運送関連費用（加算要素）
　　110,000 円…②
3　Ｔシャツにプリントされる絵柄は本邦で作成されたものであるので、その購入費用は加算要素に該当せず、課税価格に算入されない。

　　課税価格 ＝ ① ＋ ② ＝ 1,910,000 円

問題 100　　次の取引内容に係る輸入貨物の課税価格を計算しなさい。

1　輸入者M（買手）は、金属加工機械3台を輸入するために、A国の輸出者X（売手）との間で売買契約を締結した。

2　当該金属加工機械の売買契約書には、次の事項が記載されている。

イ　A国の輸出港本船甲板渡し（FOB）単価…800,000円／台

ロ　当該金属加工機械の輸入後に、XがMの本邦工場において当該金属加工機械の据付けを行い、当該金属加工機械の代金とは別に、当該据付けに係る費用（80,000円／台）をMがXに支払う。

ハ　Mは、上記イ及びロの代金及び費用のほかに、当該金属加工機械の保証費用50,000円／台をXに支払う。

3　Mは、当該売買契約に基づき、Xから当該金属加工機械3台を輸入する。

4　Mは、当該金属加工機械の代金並びに据付費用及び保証費用とは別に、当該金属加工機械3台の輸入に関し、A国から本邦の輸入港までの運賃及び保険料その他運送関連費用235,000円を負担する。

5　Xは、Mとの間の過去の輸入取引における違約金300,000円をMに支払うため、当該金属加工機械の価格を700,000円／台として仕入書を作成する。

6　MとXとの間には、特殊関係はない。

解答100　2,785,000 円

　輸入貨物の課税価格は、買手の売手に対する支払の総額（現実支払価格）に、それに含まれていない限度で加算要素に係る費用等の額を加えた価格に基づいて計算される。

1　現実支払価格

　　輸入取引に係る契約において、買手が輸入貨物の代金とは別に当該輸入貨物の保証費用を支払うこととされている場合は、当該保証費用は現実支払価格に含まれる。

　　なお、過去の輸入取引における違約金を売手が買手に支払うため、当該違約金の額を輸入貨物の代金から控除するのは、売手が買手に対し負っている債務の相殺であるので、その額は現実支払価格に含める必要がある（したがって、設問 5 は考慮する必要はない。）。

　　（800,000 円 ＋ 50,000 円）× 3 台 ＝ 2,550,000 円…①

2　設問 2 ロの当該金属加工機械の据付費用は、当該金属加工機械の輸入後に発生する費用であり、現実支払価格に含まれない。

3　加算要素

　　A 国から本邦の輸入港までの運送関連費用　　235,000 円…②

　　課税価格 ＝ ① ＋ ② ＝ 2,785,000 円

問題 101　次の取引内容に係る輸入貨物の課税価格を計算しなさい。

1　輸入者M（買手）は、A国の輸出者X（売手）から特殊機械を輸入する。
2　当該特殊機械の仕入書価格は、CIF価格8,500,000円である。
3　Mは、Xとの輸入取引に係る契約に従って、当該仕入書価格とは別に、Xの日本代理店Yに対して、当該特殊機械の輸入後における整備費300,000円を支払うこととなっている。
4　Mは、当該特殊機械の輸入に関連して、当該仕入書価格及び当該整備費とは別に、次の費用を負担している。
　イ　本邦の金型メーカーKから購入しXに対し無償で提供する、当該特殊機械の生産のために使用される金型の取得費用（下記ロの費用は含まない。）　550,000円
　ロ　当該金型に使用されている、本邦のデザイン会社Zが本邦において開発した意匠の取得費用　100,000円
　ハ　当該金型をXへ提供するために要した運賃及び保険料　50,000円
　なお、当該金型は、当該特殊機械の生産後、Xにより廃棄される。
5　上記の者のいずれの間にも特殊関係はない。

解答 101　　9,200,000 円

　輸入貨物の課税価格は、買手の売手に対する支払の総額（現実支払価格）に、それに含まれていない限度で加算要素に係る費用等の額を加えた価格に基づいて計算される。

1　現実支払価格
　　特殊機械の仕入書価格（CIF 価格）　8,500,000 円…①
2　輸入貨物の輸入申告の日以後に行われる特殊機械の整備費は、現実支払価格に含まないので、課税価格には算入されない。
3　加算要素
　　買手が売手に無償提供した金型の取得費用並びに当該金型を売手に提供するために要した運賃及び保険料は加算要素に該当し、課税価格に算入される。
　　なお、本邦において開発された意匠そのものを売手に対し無償で提供したとしても、その取得費用は加算要素ではないため課税価格に算入されないが、当該意匠を使用して生産された物品（本問題では金型）を売手に対し無償で提供する場合は、当該意匠の取得費用は当該物品に要する費用の一部として課税価格に算入される。
　　（1）無償で X に提供した金型の取得費用　　　　550,000 円…②
　　（2）意匠の取得費用　　　　　　　　　　　　　100,000 円…③
　　（3）金型の X への提供に要した運賃及び保険料　 50,000 円…④

　課税価格 ＝ ① ＋ ② ＋ ③ ＋ ④ ＝ 9,200,000 円

問題 102　　次の取引内容に係る輸入貨物の課税価格を計算しなさい。

1　輸入者M（買手）は、履物を輸入するため、A国の輸出者X（売手）との間で売買契約を締結した。
2　当該履物の売買契約書には、次の事項が記載されている。
（1）売買価格（総額）　　　2,500,000円
（2）売買契約数量　　　　　1,000足
（3）引渡し条件　　　　　　DDP条件（仕向地持込渡し・関税込み条件）
3　Mは、当該売買契約に基づき、Xから履物1,000足を輸入する。
4　Mは、当該売買契約に従い、当該履物の代金をXに支払う。
5　MがXに支払う代金には、次の費用が含まれている。
（1）A国における当該履物の保管費用　　50,000円
（2）輸入港からMの指定する引渡し場所までの運送に係る運賃及び保険料　　60,000円
（3）本邦において課される関税、消費税及び地方消費税 300,000円
6　MとXとの間には、特殊関係はない。

解答 102　2,140,000 円

　本問題の取引は、DDP 条件（仕向地持込渡し・関税込み条件）であり、売買価格には輸入港到着後の運送に係る費用等が含まれていることから、当該費用の額が明らかな場合には、当該売買価格から当該費用の額を控除して課税価格を計算する。

　なお、輸入取引条件に従って輸入貨物が買手に引き渡されるまでの間に、当該輸入貨物が輸出国（積替え国を含む。）において保管される場合に、その保管費用を買手が負担するときは、当該保管費用は現実支払価格に含まれるので、控除することはできない。

1　履物の購入価格（現実支払価格）
　　2,500,000 円…①
2　売買価格から控除する費用（現実支払価格に含まれない費用）
　　イ　輸入港からの国内運賃等
　　　60,000 円…②
　　ロ　本邦において課される関税等
　　　300,000 円…③

　　課税価格 ＝ ① － （②＋③） ＝ 2,140,000 円

■ Level 2　要点知識の習得

問題 103　次の取引内容に係る輸入貨物の課税価格を計算しなさい。

1　輸入者M（買手）は、A国の輸出者X（売手）から婦人服を輸入する。

2　当該婦人服の仕入書価格は、CIF価格6,000,000円である。

3　Mは、当該婦人服の生産に関連して、Xに対し次の物品及び役務を無償で提供し、それぞれに掲げる費用の額を負担している。

（1）当該婦人服の生産に必要な生地で、A国所在のBから購入したもの…500,000円

（2）我が国の法律に基づき表示することが義務付けられている事項のみが表示されたラベル…20,000円

（3）著名なデザイナーDが本邦において作成したデザイン…1,000,000円

4　Mは、Xとの取決めに従って、当該婦人服を購入するために、当該仕入書価格とは別に当該婦人服に付された商標権の使用に伴う対価（600,000円）を第三者である商標権者に支払わなければならないこととされている。

5　上記の者のいずれの間にも特殊関係はない。

解答 103　7,100,000 円

　輸入貨物の課税価格は、買手の売手に対する支払の総額（現実支払価格）に、それに含まれていない限度で加算要素に係る費用等の額を加えた価格に基づいて計算される。

　無償提供した生地に要する費用は加算要素に該当し、また、輸入貨物に係るもので、輸入取引の状況その他の事情からみて輸入取引をするために支払われる商標権の使用に伴う対価も加算要素に該当する。

1　婦人服の仕入書価格（現実支払価格）
　6,000,000 円…①

2　加算要素
　　イ　無償提供した生地の購入費用　　500,000 円…②
　　ロ　商標権使用料　　　　　　　　　600,000 円…③

3　M から X に無償提供されたラベルに、我が国の法令に基づき表示することが義務付けられている事項のみが表示されている場合には、当該ラベルの費用は加算要素には該当しないので、課税価格に算入する必要はない。

4　M から X に提供されたデザインは、本邦において作成されたものであるので、その作成費用は加算要素ではない。

　課税価格　＝　①　＋　②　＋　③　＝　7,100,000 円

問題 104 次の取引内容に係る輸入貨物の課税価格を計算しなさい。

1 輸入者M（買手）は、A国所在の輸出者X（売手）から特殊機械を輸入する。

2 当該特殊機械の仕入書価格は、CIF価格20,000,000円である。

3 Mは、当該特殊機械を輸入するに当たり、当該仕入書価格とは別に、次の費用を支払うこととなっている。

（1）Xが自己のために第三者である検査機関に依頼して輸出地で行った検査に要する費用…300,000円

（2）輸出港から輸入港までのコンテナー賃借料…1,200,000円

（3）当該特殊機械の輸入の許可後に本邦においてXの依頼に基づき専門家によって行われる操作方法等の技術指導に要する費用…500,000円

（4）本件輸入取引に係るA国所在の仲介者Bに対する仲介手数料…600,000円

4 MとXとの間には、特殊関係はない。

問題 105 次の取引内容に係る輸入貨物の課税価格を計算しなさい。

1 輸入者M（買手）は、自己と特殊関係にないA国の輸出者X（売手）から農産物を輸入する。

2 Xから送られてきた仕入書には、当該農産物の価格（FOB価格3,000,000円）のほか、Xが当該農産物の生産者から購入した日から、当該農産物をA国で船積みするまでの期間（10日間）の当該農産物の購入代金に係る金利（9,000円）が記載されていた。Mは、当該金利を支払うことに同意した。

3 上記2の費用とは別に、Mは、A国から本邦の輸入港までの運賃及び保険料その他運送関連費用として85,000円を負担する。

4 当該農産物は、輸入申告前にその一部が変質していることが判明し、当該変質による減価に相当する額は150,000円である。なお、MとXは、当該変質が生じることを想定していなかった。

解答 104　22,100,000 円

　輸入貨物の課税価格は、買手の売手に対する支払の総額（現実支払価格）に、それに含まれていない限度で加算要素に係る費用等の額を加えた価格に基づいて計算される。

1　現実支払価格
　　イ　特殊機械の仕入書価格（CIF 価格）　　20,000,000 円…①
　　ロ　売手のために行われた検査費用　　　　300,000 円…②
　　　売手が自己のために行う検査費用は、売手が支払うべきものであり、その費用を買手が負担する場合は間接支払に該当し、現実支払価格に含めることとなるので留意する。
2　加算要素
　　イ　コンテナー賃借料　　1,200,000 円…③
　　ロ　仲介手数料　　　　　600,000 円…④
3　設問3（3）の技術指導に要する費用は、輸入の許可後に発生する費用であり、課税価格に含まれない。

　　課税価格 ＝ ① ＋ ② ＋ ③ ＋ ④ ＝ 22,100,000 円

解答 105　2,944,000 円

　輸入貨物の課税価格は、買手の売手に対する支払の総額（現実支払価格）に、それに含まれていない限度で加算要素に係る費用等の額を加えた価格に基づいて計算される。
　この場合において、輸入申告の時までに、売手及び買手が想定していない変質又は損傷が当該輸入貨物にあったときは、当該変質又は損傷による減価に相当する額を控除する。
　設問2に記述されている金利は、Xが当該農産物をその生産者から購入した日からA国で船積みするまでの期間に発生した費用であり、本来Xが負担すべき費用であるため、この費用をMが負担した場合は間接支払に該当し、課税価格に算入される。

1　現実支払価格
　　貨物代金　　3,000,000 円…①
　　金利　　　　9,000 円…②
2　加算要素
　　本邦の輸入港までの運送関連費用　　85,000 円…③

　　課税価格 ＝ ① ＋ ② ＋ ③ － 150,000 円 ＝ 2,944,000 円

問題 106　次の取引内容に係る輸入貨物の課税価格を計算しなさい。

1　輸入者M（買手）は、食品加工機械3台を輸入するために、A国の輸出者X（売手）との間で売買契約を締結した。

2　当該食品加工機械の売買契約書には、次の事項が記載されている。

　イ　A国の工場渡し単価…1,000,000円／台

　ロ　Mは、当該売買契約とは別に、当該食品加工機械の保証に係る契約をXと締結しなければならない旨

3　Mは、当該売買契約に基づき、Xから当該食品加工機械3台を輸入する。

4　Mは、当該食品加工機械の代金及び下記5の保証費用とは別に、当該食品加工機械3台の輸入に関し、次の費用を負担する。

　イ　Xの工場からA国の輸出港までの運送等に係る運賃、保険料等の費用…65,000円

　ロ　本邦の輸入港までの運賃及び保険料その他運送関連費用…100,000円

　ハ　本邦の輸入港における船卸費用及びMの工場までの運送費用…73,000円

5　Mは、上記2ロに基づき、当該食品加工機械の保証に係る契約をXと締結し、その保証費用30,000円／台をXに支払う。

6　MとXとの間には、特殊関係はない。

解答 106　3,255,000 円

　輸入貨物の課税価格は、買手の売手に対する支払の総額（現実支払価格）に、それに含まれていない限度で加算要素に係る費用等の額を加えた価格に基づいて計算される。

1　現実支払価格

　　輸入取引に係る契約とは別に、輸入貨物の保証に係る契約を売手と買手が締結することを、売手が当該輸入取引をするために義務付けている場合であって、その保証費用を買手が負担するときは、当該保証費用は現実支払価格に含まれる。

　　(1,000,000 円 ＋ 30,000 円) × 3 台 ＝ 3,090,000 円…①

2　加算要素

　　イ　X の工場から輸出港までの運賃等　　65,000 円…②
　　ロ　本邦の輸入港までの運送関連費用　　100,000 円　③

3　　本邦の輸入港における船卸費用及び M の工場までの運送費用は、輸入港到着後の費用であるので、現実支払価格に含まれず、また、加算要素にも該当しない。

　　課税価格 ＝ ① ＋ ② ＋ ③ ＝ 3,255,000 円

問題 107　次の取引内容に係る輸入貨物の課税価格を計算しなさい。

1　輸入者M（買手）は、ハンドバッグを購入するため、C国の輸出者X（売手）との間で売買契約を締結した。

2　当該ハンドバッグの売買契約書には、次の事項が記載されている。

（1）ハンドバッグの売買単価（C国の売手の工場渡し価格）…9,000円／個

（2）販売個数…1,000個

（3）支払条件…貨物受領後、MはXに対し、毎月末日に、仕入書価格の1／10を、10ヵ月にわたり支払う（これに伴う延払金利は、年率3％とする。）。

（4）Mは、Xの親会社Yが所有している当該ハンドバッグに付されている商標につき、仕入書価格の5％に相当する額の商標権の使用料を、貨物受領時に支払う。

（5）Mは、Xの本邦にある支店に対し、当該支店の活動費の一部として仕入書価格の3％に相当する額を支払う。

3　Mは、上記2のほかに、当該ハンドバッグの輸入に関し、次に掲げる費用を負担する。

（1）C国の工場から輸出港までの運賃等の経費…55,000円

（2）C国の輸出港から本邦の輸入港までの運賃及び保険料…70,000円

（3）本邦の輸入港からMの倉庫までの輸送費等…100,000円

（4）Mが自己のために行った当該ハンドバッグの広告宣伝に要する費用…50,000円

4　MとXとの間には、特殊関係はない。

解答107　　9,845,000 円

　輸入貨物の課税価格は、買手の売手に対する支払の総額（現実支払価格）に、それに含まれていない限度で加算要素に係る費用等の額を加えた価格に基づいて計算される。

1　現実支払価格
　　イ　貨物代金　　9,000 円 × 1,000 個 ＝ 9,000,000 円…①
　　ロ　設問2（5）のXの支店への支払は、売手への間接的な支払に該当する。
　　　　9,000,000 円 × 3％ ＝ 270,000 円…②
2　設問2（3）の延払金利は、金利の率が明らかであるので、現実支払価格には含まれない。
3　加算要素
　　イ　設問2（1）の商標権の使用料は、輸入貨物に係るものであり、輸入取引の状況その他の事情からみて輸入取引をするために支払われるものであるので、加算要素に該当する。
　　　　9,000,000 円 × 5％ ＝ 450,000 円…③
　　ロ　設問3（1）及び（2）の費用は、運送関連費用として、加算要素に該当する。
　　　　55,000 円 ＋ 70,000 円 ＝ 125,000 円…④
4　設問3（3）の輸送費等は、輸入貨物の本邦到着後に発生する費用であるので、現実支払価格に含まれず、加算要素にも該当しない。また、設問3（4）の広告宣伝は、買手が自己のために行ったものであり、売手の利益になる場合であっても、当該広告宣伝に要する費用は、売手に対する間接支払に該当しないため、課税価格に算入しない。

　課税価格 ＝ ① ＋ ② ＋ ③ ＋ ④ ＝ 9,845,000 円

問題 **108**　次の取引内容に係る輸入貨物の課税価格を計算しなさい。

1　輸入者M（買手）は、装飾品を輸入するため、A国の輸出者X（売手）との間で製造委託契約を締結した。

2　当該製造委託契約書には、次の事項が記載されている。

イ　単価（CFR価格）…2,500円／個

ロ　契約数量…2,000個

ハ　Mは、当該装飾品の包装容器を無償でXに提供する旨

ニ　Mは、当該装飾品の生産に必要とされる意匠を無償でXに提供する旨

3　上記2ハの包装容器については、本邦からの輸出時に関税定率法第14条第11号の規定による容器に係る再輸入免税を適用するための手続を行っており、当該装飾品の輸入時に当該再輸入免税を適用する。

4　Mは、当該製造委託契約に基づき、Xから当該装飾品2,000個を輸入する。

5　Mは、当該製造委託契約に基づき、当該装飾品の代金をXに支払う。

6　Mは、本邦のメーカーYから上記2ハの包装容器2,000個（500円／個）を購入し、Xに無償で提供する。Mは、当該包装容器の購入代金とは別に、Xへの提供費用として30,000円を負担する。

7　Mは、B国のPが自国で開発した上記2ニの意匠を90,000円で取得し、Xに無償で提供する。

8　上記の者のいずれの間にも特殊関係はない。

解答 108　5,090,000 円

1　装飾品の契約価格（現実支払価格・運賃込み価格）
　　2,000 個 × 2,500 円／個 ＝ 5,000,000 円…①
2　加算要素
　　設問 2 二の意匠の取得費用　　90,000 円…②
3　課税価格に算入しない費用
　　　設問 2 ハの包装容器は、関税定率法の「再輸入免税」の規定を適用して輸入する
　　ことから、輸入（納税）申告時には、当該包装容器を輸入貨物である装飾品とは別
　　欄で申告するので、その費用は当該装飾品の課税価格に算入しない。
（参考）免税を適用するための当該包装容器の課税価格は、
　　　（500 円 × 2,000 個）＋（提供に要する費用 30,000 円）＝ 1,030,000 円
　　であり、全額免税の対象となる。

　課税価格 ＝ ① ＋ ② ＝ 5,090,000 円

問題 **109**　次の取引内容に係る輸入貨物の課税価格を計算しなさい。

1　輸入者M（買手）は、輸出者X（売手）から加工食品を輸入する。

2　当該加工食品の売買契約書には、次の事項が記載されている。

イ　加工食品のCIF価格　　3,800,000円

ロ　Xは、本邦のYに対して負っている債務の支払をMに依頼し、その額を今回の輸入貨物代金の支払額から控除する旨

ハ　当該加工食品の生産のために使用する調味料は、MがXに無償で提供する旨

3　当該売買契約書に基づいて、Mは、調味料（取得費用及びその提供費用合計200,000円）をXに無償で提供した。

4　当該加工食品の仕入書には、次のように記載されている。

イ　加工食品のCIF価格　　　　　3,800,000円

ロ　Xの債務の額　　　　　　　　△300,000円

ハ　支払総額　　　　　　　　　　3,500,000円

5　MとXとの間には、特殊関係はない。

解答 109　　4,000,000 円

1　現実支払価格

　　加工食品の仕入書価格（CIF）…3,800,000 円…①（注）

2　加算要素

　　調味料の無償提供費用…200,000 円…②

　課税価格 ＝ ① ＋ ② ＝ 4,000,000 円

（注）　M の Y に対する支払は、X が負っている債務の肩代わり弁済であり、現実支払
価格に含まれるものであるため、その支払額は、課税価格から控除することはできない。

Level 3　要点知識の定着

問題 110　次の取引内容に係る輸入貨物の課税価格を計算しなさい。

　　1　輸入者M（買手）は、除湿機50台を輸入するため、A国の卸
　　　売業者X（売手）との間でCFR条件により単価20,000円で売買
　　　契約を締結した。
　　　　Xは、Mとの売買契約を履行するためB国の生産者Yと売買
　　　契約を締結し、Yから当該除湿機を単価15,000円で購入した。
　　2　Mは、C国の会社Zから電気部品60個（うち10個は生産ロス
　　　を見込んだもの）を購入し、当該電気部品の代金12,000円をZ
　　　に支払う。
　　　　Mは、当該電気部品を無償でXに送付し、当該除湿機に取り
　　　付けた上でMに引き渡すように依頼する。
　　　　Mは、当該電気部品の提供費用7,000円を負担する。なお、
　　　当該電気部品はXからYに送付され、その送付に要した費用
　　　2,000円はXが負担する。
　　3　Mは、B国から運送された当該除湿機50台を輸入する。
　　4　Mは、Xとの売買契約に従い、当該除湿機の代金を支払う。
　　5　Mは、自己の判断で当該除湿機の船積み前にその外装及び数
　　　量を確認することとし、自社の社員をB国へ派遣する。Mは、
　　　当該社員の渡航費60,000円を負担する。
　　6　Mは、当該除湿機の輸入港までの運送に関して保険を付し、
　　　保険料4,000円を負担する。
　　7　上記の者のいずれの間にも特殊関係はない。

解答 110　1,023,000 円

1　現実支払価格
　　除湿機の購入価格（CFR 条件）
　　50 台 × 20,000 円／台 ＝ 1,000,000 円…①

2　加算要素
　　売手に対し無償で提供された物品中に生産ロスを見込んだスペア部品等が含まれている場合には、当該スペア部品等を含む当該物品に要する費用の総額が加算要素となる。
　　（1）無償で X に提供した電気部品の購入代金　　12,000 円…②
　　（2）当該電気部品の X への提供費用　　　　　　7,000 円…③
　　（3）輸入港までの運送に関する保険料　　　　　4,000 円…④

　　課税価格 ＝ ① ＋ ② ＋ ③ ＋ ④ ＝ 1,023,000 円

3　課税価格に算入しない費用
　　（1）設問 2 の電気部品を X から Y へ送付するための費用（2,000 円）は、X が負担し M に請求していないため、除湿器の購入価格に含まれている。
　　（2）設問 5 の M の B 国への社員派遣費用は、M が自己のために行った活動の費用であり、現実支払価格に含まれない。

問題 111　次の取引内容に係る輸入貨物の課税価格を計算しなさい。

1　輸入者M（買手）は、Tシャツを輸入するため、A国の輸出者X（売手）との間で売買契約を締結した。

2　当該Tシャツの売買契約書には、次の事項が記載されている。
（1）売買単価　　　　　300円／枚
（2）売買契約数量　　　6,000枚
（3）引渡し条件　　　　Xの工場渡し条件
（4）Mは、当該Tシャツの生地をXに提供し、Xは、Mに当該生地の代金を支払う旨
（5）Mは、当該Tシャツにプリントされる絵柄を無償でXに提供する旨
（6）Xは、当該売買契約に定める品質に合致したTシャツを生産するために必要な検査を実施する旨

3　Mは、本邦の卸問屋Yから当該Tシャツの生地を900,000円で購入し、Xに提供する（提供するための運賃等は50,000円である。）。MはXから、生地代として950,000円を受領する。

4　Mは、B国のデザイン会社ZがB国で開発した絵柄（その開発費用は100,000円である。）を40,000円で購入し、インターネットでXに送信する。

5　Xは、上記2（6）の検査を行うための作業をA国のC社に発注し、必要経費60,000円を支払う。

6　Mは、当該売買契約に基づき、XからTシャツ6,000枚を輸入する。

7　Mは、当該売買契約に従い、当該Tシャツの代金をXに支払う。

8　Mは、A国のXの工場から本邦の輸入港までの運送に係る運賃及び保険料（110,000円）を負担する。

9　Mは、当該Tシャツの船積予定船舶の到着遅延により、A国の輸出港における当該Tシャツの一時的保管に要する費用（50,000円）を負担する。

10　MとZとの間に特殊関係があることを除き、上記の者のいずれの間にも特殊関係はない。

解答 111　2,060,000 円

1　Ｔシャツの購入価格（現実支払価格）

6,000 枚 × 300 円／枚 ＝ 1,800,000 円…①

2　加算要素

（1）無償提供した絵柄の費用　　100,000 円…②

特殊関係にある者から取得し無償提供した役務の費用として加算するのは、その取得費用ではなく、当該役務の開発費用である。

（2）Ｘの工場から本邦の輸入港までの運賃及び保険料　　110,000 円…③

（3）輸出港における一時的保管費用　　50,000 円…④

輸入取引条件に従って輸入貨物の引渡しを受けた後に、買手が自己のために当該輸入貨物を輸出国において保管する場合は、当該保管に要する費用は現実支払価格に含まれない。しかし、当該輸入貨物の船積予定船舶の到着遅延により、当該輸入貨物を輸出港において一時的に保管する場合の費用は、本邦の輸入港に到着するまでの運送関連費用として加算要素となる。

3　課税価格に算入されない費用

イ　設問2（4）のMからXに提供されたＴシャツの生地は無償で又は値引きをして提供したものではないので、加算要素に該当しない。

ロ　設問5の検査のための費用は、Ｘが自己のために負担したものであり、Mが負担したものではないので、加算要素に該当しない。

課税価格 ＝ ① ＋ ② ＋ ③ ＋ ④ ＝ 2,060,000 円

問題 112　次の取引内容に係る輸入貨物の課税価格を計算しなさい。

1　輸入者M（買手）は、A国の輸出者X（売手）から音楽を記録したCDを輸入する。
2　MとXが締結した当該音楽CDに係る売買契約書には、次の事項が記載されている。
　イ　FOB単価…1,500円／枚
　ロ　契約数量…2,000枚
　ハ　音楽CDの単価の内訳
　　（イ）音楽CDに記録されている音自体の価格　　1,000円／枚
　　（ロ）CD本体（キャリアメディア）の価格　　　　100円／枚
　　（ハ）音楽の記録費用　　　　　　　　　　　　　300円／枚
　　（ニ）CDの梱包費用　　　　　　　　　　　　　100円／枚
　ニ　Mは、当該音楽CDを本邦において販売するために、当該音楽CDの貨物代金とは別に、300円／枚のロイヤルティを、当該音楽CDを世界で販売する権利を有するYに支払う。
3　Mは、A国の輸出港から本邦の輸入港までの航空運送に係る運賃及び保険料として、85,000円を負担する。
4　上記の者のいずれの間にも特殊関係はない。

解答 112　　3,685,000 円

　データ処理機器の運用に関係する計算機プログラム、手順等のソフトウェアを記録した、磁気テープ、磁気ディスク等のキャリアメディアが輸入される場合において、当該ソフトウェアの価格と当該キャリアメディアの価格（キャリアメディア自体の価格、ソフトウェアをキャリアメディアに記録するための費用、梱包費用等を含む。）が区別されるときは、当該キャリアメディアの価格が課税価格となる。ただし、この「ソフトウェア」にはサウンド、シネマチック及びビデオ・レコーディングは含まれないので、音楽CDや映像DVDが輸入される場合は、音楽自体の価格や映像自体の価格も課税価格に算入される。

1　現実支払価格
　　1,500 円／枚 × 2,000 枚 － 3,000,000 円…①
2　加算要素
　　輸入貨物を本邦において頒布し又は販売する権利を取得するための対価は、当該輸入貨物の輸入取引をするために支払われたものでないときは、課税価格に算入しないが、本設問の場合には、音楽CDに係る売買契約に規定されているので、輸入取引をするために支払われるものである。
　　（1）国内販売のためのロイヤルティ　　300 円／枚 × 2,000 枚 ＝ 600,000 円…②
　　（2）本邦の輸入港までの運賃及び保険料　　85,000 円…③

　課税価格 ＝ ① ＋ ② ＋ ③ ＝ 3,685,000 円

問題 **113**　次の取引内容に係る輸入貨物の課税価格を計算しなさい。

1　輸入者M（買手）は、A国の輸出者X（売手）から婦人用の
オーバーコートを輸入する。

2　当該オーバーコートの仕入書価格は、CIF価格6,000,000円で
ある。

3　Mは、Xとの取決めに従って、当該仕入書価格とは別に、当
該オーバーコートの生産に必要な生地でデザインがプリントさ
れたものをA国所在のBから500,000円で購入し、Xに無償で提
供する。また、当該提供のための運賃及び保険料20,000円を負
担する。なお、当該デザインは、著名なデザイナーDが本邦に
おいて作成したものであり、MはDに対しデザイン料として
100,000円を支払う。

4　Mは、Xとの取決めに従って、当該オーバーコートを購入す
るために、当該仕入書価格とは別に、当該オーバーコートに付
された商標の使用に伴う対価（600,000円）を第三者である商
標権者に支払わなければならないこととされている。

5　Mは、Xの指示により、当該仕入書価格のうち2,000,000円を
Xが債務を負っているA国所在のCに対して支払い、残りの
4,000,000円をXに送金することとなっている。

6　上記の者のいずれの間にも特殊関係はない。

解答 113　　7,220,000 円

　無償提供した生地に要する費用は加算要素に該当し、また、オーバーコートに係る商標の使用に伴う対価であって当該輸入取引の状況その他の事情からみて輸入取引をするために支払われるものは、加算要素に該当する。

1　オーバーコートの購入価格（現実支払価格）　　　　　　6,000,000 円…①
2　加算要素
　（1）オーバーコートの生産のための生地の購入費用　　500,000 円…②
　（2）当該生地を提供するための運賃等　　　　　　　　 20,000 円…③
　（3）当該生地にプリントされたデザインのデザイン料　100,000 円…④
　　　　本邦で作成されたデザインであっても、当該デザインそのものを無償提供したのではなく、当該デザインをプリントした生地を無償提供しているので、デザイン料は当該生地に要する費用として加算要素となる。
　（4）商標権使用料　　　　　　　　　　　　　　　　　600,000 円…⑤
3　設問 5 の記述は、仕入書価格の支払先が X の希望により 2 か所に分割されただけであり、支払の総額に影響を与えない。

　課税価格 ＝ ① ＋ ② ＋ ③ ＋ ④ ＋ ⑤ ＝ 7,220,000 円

Level

3

要点知識の定着

問題 114　　次の取引内容に係る輸入貨物の課税価格を計算しなさい。

1　輸入者M（買手）は、機械の部品を輸入するため、A国の輸出者X（売手）との間で、当該部品に係る売買契約を締結した。

2　当該売買契約には、次の事項が規定されている。

　イ　単価（FOB価格）…100円／個

　ロ　契約数量…15,000個

　ハ　当該部品の生産のために使用される金型は、MがXに無償で提供する旨

　ニ　Xは、当該部品を契約数量分生産した後に、当該金型を廃棄する旨

3　Mは、当該売買契約に基づき、部品15,000個のうち、5,000個をB国の販売支店に送り、残りの10,000個を本邦に輸入する。

4　Mは、Xに無償で提供する金型の買付業務を本邦のYに委託し、当該買付業務の手数料として、当該金型の代金の10％をYに支払う。

5　Mは、当該部品の生産に使用された金型のXへの無償提供及び当該部品の運送に関連して、次に掲げる額の費用を他の費用とは別に負担した。

　イ　当該部品の生産に使用された金型の代金…100,000円

　ロ　当該金型をXへ提供するために要した運賃…40,000円

　ハ　当該部品10,000個を本邦の輸入港まで運送するために要した運賃…90,000円

6　上記の者のいずれの間にも特殊関係はない。

解答 114　1,190,000 円

1　現実支払価格

　本邦に輸入するのは 10,000 個であるので、

　100 円／個 × 10,000 個 ＝ 1,000,000 円

2　加算要素

　（1）無償提供した金型に要する費用

　　　X に無償提供した金型に要する費用は加算要素となるが、当該金型は契約数量である 15,000 個を生産するために使用されることから、本邦に輸入する 10,000 個分に按分する必要があること、また、輸入貨物の買付手数料は加算要素ではないが、無償提供した物品の買付けに係る手数料は当該物品に要する費用として加算要素となることに注意が必要である。

　　　（100,000 円 × 10% ＋ 100,000 円 ＋ 40,000 円）×
　　　10,000 個／ 15,000 個 ＝ 100,000 円

　（2）本邦の輸入港まで運送するために要した運賃　　90,000 円

　課税価格 ＝ 1,000,000 円 ＋ 100,000 円 ＋ 90,000 円 ＝ 1,190,000 円

問題 115　　次の取引内容に係る輸入貨物の課税価格を計算しなさい。

1　輸入者M（買手）は、A国の輸出者X（売手）から電気製品を輸入する。

2　当該電気製品の仕入書価格は、FOB価格6,000,000円である。

3　当該仕入書価格には、A国で輸出の際に払戻しを受けるべき内国税300,000円が含まれている。

4　Mは、当該電気製品の生産に関連して、Xに対し次の物品及び役務を無償で提供し、当該提供に係る費用を当該仕入書価格とは別に負担している。

　　イ　B国のYから購入した当該電気製品の生産のために使用される部品…1,500,000円

　　ロ　当該部品をXに提供するために要した運賃及び保険料…230,000円

　　ハ　A国に居住している日本人デザイナーDがA国で製作した当該電気製品の意匠の費用…1,000,000円

5　当該電気製品の本邦までの海上運送は当初Mが手配し、当該海上運送に係る運賃及び保険料の見積価格は250,000円であった。しかしながら、当該電気製品の生産の遅れにより、本邦への到着が遅延するおそれが生じたため、XはMと協議のうえ、当該電気製品を航空運送により本邦に輸出した。

　　なお、当該航空運送に係る運賃及び保険料は600,000円であり、Xがその全額を負担した。

6　MとXとの間には、特殊関係はない。

解答115　8,680,000 円

1　現実支払価格

　　電気製品の仕入書価格（FOB 価格）　　　　6,000,000 円…①

　　輸出の際に払戻しを受けるべき内国税　△ 300,000 円…②

2　加算要素

　（1）無償提供した部品に要した費用

　　　　当該部品の購入費　　　　　　　　　1,500,000 円…③

　　　　当該部品の X への提供費用　　　　　　230,000 円…④

　（2）無償提供した意匠の費用　　　　　　　1,000,000 円…⑤

　（3）運賃及び保険料

　　　　生産の遅れにより海上運送から航空運送に変更し、その航空運賃を X が全額
　　　負担したものであり、M の責めに帰することができない理由によることから、「航
　　　空運送貨物に係る課税価格の決定の特例」に該当する。したがって、航空機に
　　　よる運送方法以外の通常の運送方法による運賃及び保険料、すなわち M が当初
　　　手配した海上運送に係る運賃及び保険料が加算要素となる。

　　　　海上運賃及び保険料の見積価格　　　　250,000 円…⑥

　課税価格 ＝ ① － ② ＋ ③ ＋ ④ ＋ ⑤ ＋ ⑥ ＝ 8,680,000 円

Level
3
要点知識の定着

問題 116　次の取引内容に係る輸入貨物の課税価格を計算しなさい。

1　A国のX（売手）は、衣類を1着当たり工場渡し価格3,000円で販売するが、すべての購入者に対して、1契約当たりの購入数量に応じて、次の値引きを与えている。

購入（契約）数量	割引率
500着まで	なし
501着から1,500着まで	5%
1,501着以上	15%

2　輸入者M（買手）は、Xとの間で当該衣類3,000着を上記1の条件で購入する売買契約を締結した。なお、Xは、当該衣類を1,000着ずつ3回に分けてMに送付する。

3　Mは、当該売買契約に基づき、衣類1,000着を輸入する。この輸入に関して、Mは、当該衣類の貨物代金を上記1の条件で支払うが、これとは別に、次の費用を負担した。

イ　A国のXの工場から本邦の輸入港に到着するまでの運送に要する運賃…75,000円

ロ　当該衣類のA国における輸出通関手続に要した費用…10,000円

ハ　輸入港における当該衣類の船卸しに要した費用…15,000円

4　Mは、当該売買契約により、当該衣類の再販売価格の5％をXに対し支払うこととされている。なお、Mが今回輸入する当該衣類1,000着は、本邦のYに単価6,000円で再販売されることとなっている。

5　MとXの間には、特殊関係はない。

解答116　2,935,000 円

1　現実支払価格

　　輸入貨物の納税申告の時までに数量値引きが行われることが確定しており、当該値引き後の価格が現実に支払われるときは、当該値引き後の価格に基づいて課税価格を計算する。今回輸入するのは 1,000 着であるが、契約数量は 3,000 着であるので、15％の値引きが適用されることから、

　　3,000 円／着 × 85％ × 1,000 着 ＝ 2,550,000 円…①

2　加算要素

　　（1）本邦の輸入港まで運送するために要した運賃　　　75,000 円…②

　　（2）A国における輸出通関手続に要した費用　　　　　10,000 円…③

　　（3）売手帰属収益　　1,000 着 × 6,000 円 × 5％ ＝ 300,000 円…④

3　課税価格に算入されない費用

　　設問3ハの輸入港における船卸しに要した費用は、輸入貨物の輸入港到着後の費用であるので、現実支払価格に含まれず、加算要素でもない。

　　課税価格 ＝ ① ＋ ② ＋ ③ ＋ ④ ＝ 2,935,000 円

Level

3

要点知識の定着

問題117　次の情報に基づき、輸入者Mが輸入するシューズ400足の課税価格を計算しなさい。

1　Mは、A国の生産者Xから委託販売契約に基づいてシューズ400足を輸入する。

2　当該シューズと同種又は類似の輸入貨物に係る取引価格（関税定率法第4条第1項の規定により課税価格とされたもの）について、次に掲げるものが確認されている。

イ　MがXから類似の貨物600足を輸入した時の当該類似の貨物の取引価格（CFR価格）…1,600円／足

ロ　輸入者PがXから同種の貨物1,200足を輸入した時の当該同種の貨物の取引価格（CFR価格）…1,700円／足

ハ　輸入者QがXから同種の貨物1,100足を輸入した時の当該同種の貨物の取引価格（CFR価格）…1,650円／足

3　上記2イからハまでの同種又は類似の貨物の取引数量に対応する価格（CFR価格）は、次のとおりである。

イ　上記2イの類似の貨物の価格

（取引数量）	（単価）
0～499足	1,700円
500足以上	1,600円

ロ　上記2ロの同種の貨物の価格

（取引数量）	（単価）
0～999足	1,800円
1,000足以上	1,700円

ハ　上記2ハの同種の貨物の価格

（取引数量）	（単価）
0～999足	1,750円
1,000足以上	1,650円

4　上記1の貨物と上記2イからハまでの同種又は類似の貨物との間に、上記2及び3以外の差異はない。

解答 117　700,000 円

1　シューズは、委託販売契約に基づいて輸入されるものであり、輸入取引（売買）によるものではないため、当該シューズと同種又は類似の貨物に係る取引価格に基づいて課税価格を計算することとなる。

2　輸入貨物と同種又は類似の貨物は、当該輸入貨物の生産国で生産され輸入されたものでなければならないが、本設問の場合、いずれも A 国の生産者 X から輸入しているので、当該同種又は類似の貨物に係る取引価格に基づいて課税価格を計算することができる。

3　同種の貨物に係る取引価格と類似の貨物に係る取引価格の双方があるときは、同種の貨物に係る取引価格により課税価格を計算する。

　本問題の場合、シューズの生産者 X が生産した同種の貨物に係る取引価格が二つ存在することとなる。

　　設問 2 ロ…1,700 円／足

　　設問 2 ハ…1,650 円／足

4　同種の貨物について、競合する取引価格が二以上あるときは、それらの取引価格のうち「最小のもの」によることから、設問 2 ハの貨物に係る取引価格に基づきシューズの課税価格を計算する。

5　取引数量の差異に基づく調整

　設問 2 ハの貨物の取引数量は 1,100 足であるが、本件のシューズの輸入数量は 400 足であることから、取引数量の差異に基づいてその価格を調整をする必要があり、設問 3 ハのうち輸入数量 400 足に対応する単価 1,750 円により当該シューズの課税価格を計算する。

　課税価格 ＝ 400 足 × 1,750 円／足 ＝ 700,000 円

問題 118　次の情報に基づき、輸入者Mが輸入する機器900台について、関税定率法第4条の3第1項第1号（国内販売価格に基づく課税価格の決定）の規定により課税価格を計算する場合の基礎となる国内販売価格を計算しなさい。

1　Mは、A国の輸出者Xとの間の委託販売契約に基づき、A国で生産された機器900台を輸入する。

2　Mが輸入した機器900台の国内販売の状況は、以下のとおりである。

（1）当該機器の課税物件確定後2週間以内の販売

イ　Mと特殊関係のない者への販売

単価	単価ごとの総販売数量
15,000円	150台
20,000円	250台

ロ　Mと特殊関係のある者への販売

単価	単価ごとの総販売数量
14,000円	100台
19,000円	100台

（2）当該機器の課税物件確定後6ヵ月後におけるMと特殊関係のない者への販売

単価	単価ごとの総販売数量
12,000円	100台
10,000円	200台

解答 118　5,000,000 円

　国内販売価格として採用できるためには、その国内販売が輸入貨物の課税物件確定の日に近接した期間（概ね1月）内に行われ、国内における売手と特殊関係のない者への販売である必要がある。

　また、国内販売が二以上ある場合には、単価ごとの販売数量が最大である販売に係る単価に基づいて計算する。

　したがって、設問2（1）イに係る販売のうち、250台を販売したときの単価を採用して課税価格の基礎となる国内販売価格を計算する。

　課税価格の基礎となる国内販売価格 ＝ 250台 × 20,000円／台 ＝ 5,000,000円

（注）この価格を基礎に、国内で発生した以下の費用等を控除し、得られた額を国内販売数量（本問題では250台）で除してその単価を算出し、当該単価に輸入貨物の数量（本問題では900台）を乗じることにより、輸入貨物の課税価格を計算する。
　①輸入貨物と同類の貨物で輸入されたものの国内販売に係る通常の手数料又は利潤及び一般経費
　②国内販売された貨物に係る輸入港到着後国内販売するまでの通常の運賃、保険料その他当該運送に関連する費用
　③国内販売された貨物に係る本邦において課された関税その他の公課

Level

3

要点知識の定着

問題 119　輸入者 M が M の本店である A 国の輸出者 X から輸入する機器について、次の情報に基づき課税価格を計算しなさい。

1　Mは、Xとの間で当該機器900台を8,000円／台で購入する契約を締結した。

2　Mは、輸入した機器900台について、当該機器の課税物件確定後1月以内に、以下のとおり国内販売を完了した。

（1）Mと特殊関係のない者への販売

単価	単価ごとの総販売数量
17,000円	200台
20,000円	250台

（2）Mと特殊関係のある者への販売

単価	単価ごとの総販売数量
14,000円	200台
16,000円	250台

3　当該機器と同類の貨物で輸入されたものの国内販売に係る通常の利潤及び一般経費は、3,000円／台である。

4　当該機器を輸入港到着後国内において国内販売するまでの運送に要する通常の運賃、保険料その他運送に関連する費用は、1,000円／台である。

5　当該機器に係る本邦において課された関税その他の公課は、500円／台である。

解答 119　13,950,000 円

1　同一法人格を有する企業間の取引により輸入される貨物の課税価格は、関税定率法第 4 条第 1 項に規定する課税価格の決定の原則により課税価格を計算することはできない。

2　与えられた情報の中では、輸入された機器の国内販売価格があるので、同法第 4 条の 3 第 1 項第 1 号の規定に基づき、課税価格を計算する。

　同号の規定により、輸入貨物又はこれと同種若しくは類似の貨物（当該輸入貨物の生産国で生産されたものに限る。）の国内販売価格に基づき当該輸入貨物の課税価格を計算する場合において、国内販売価格として採用できる条件は、その国内販売が当該輸入貨物の課税物件確定の日に近接した期間（概ね 1 月）以内に行われること、及び国内における売手と特殊関係のない者への販売であること、また、同順位の国内販売が二以上ある場合には、単価ごとの販売数量が最大である販売に係る単価に基づいて国内販売価格を計算することである。なお、輸入貨物の国内販売価格→同種の貨物（当該輸入貨物の輸入者が輸入した同種の貨物が優先）の国内販売価格→類似の貨物（当該輸入貨物の輸入者が輸入した類似の貨物が優先）の国内販売価格の順に適用される。

　したがって、課税価格の計算の基礎となる国内販売価格の単価は、設問 2 （1）のうち、250 台を販売した単価が用いられる。

250 台 × 20,000 円／台 ＝ 5,000,000 円…①

3　輸入された機器の国内販売価格に基づいて課税価格を計算する場合には、当該機器が輸入港到着後に発生した費用について、当該国内販売価格から控除する必要がある。設問 3 ～ 5 の費用がこれに該当する。

（1）当該機器と同類の貨物で輸入されたものの国内販売に係る通常の利潤及び一般経費

250 台 × 3,000 円／台 ＝ 750,000 円…②

（2）当該機器に係る輸入港到着後国内において国内販売するまでの運送に要する通常の運賃、保険料その他運送に関連する費用

250 台 × 1,000 円／台 ＝ 250,000 円…③

（3）当該機器に係る本邦において課された関税その他の公課

250 台 × 500 円／台 ＝ 125,000 円…④

課税価格 ＝ ｛① － （②＋③＋④）｝ ÷ 250 台 × 900 台 ＝ 13,950,000 円

（参考）本問題では、控除すべき費用等がすべて単価で示されていることから、（20,000 円 － 3,000 円 － 1,000 円 － 500 円）× 900 台として計算しても同じ結果が得られる。

問題 120　輸入者ＭがＡ国のＸ（ＭとＸは、同一法人格を有する本支店
の関係にある。）から輸入する電気製品について、次の情報に基づ
き課税価格を計算しなさい。なお、当該電気製品は、関税定率法第
４条から第４条の３第１項第１号までの規定により課税価格を計算
することができず、Ｍは、加工後の当該電気製品の国内販売価格
により課税価格を計算することを希望している。

1　Ｍは、Ｘとの間で電気製品800台を6,000円／台で購入する契
約を締結した。
2　Ｍは、当該電気製品につき、輸入後に加工を加えた上で国内
販売をする。
3　Ｍは、当該加工後の電気製品800台を、国内における最初の
取引段階にある買手に対して、以下のとおり販売（４件）を完
了した。
（１）自己と特殊関係のない者への販売

単価	単価ごとの総販売数量
15,000円	200台
18,000円	250台

（２）自己と特殊関係のある者への販売

単価	単価ごとの総販売数量
14,000円	200台
16,000円	150台

4　当該加工により、当該電気製品に付加された価額は、上記４
件のいずれの国内販売においても700円／台である。
5　当該電気製品と同類の貨物で輸入されたものの国内販売に係
る通常の利潤及び一般経費は、3,000円／台である。
6　当該電気製品に係る輸入港到着後国内販売するまでに要する
通常の運賃、保険料等の費用は、上記４件のいずれの国内販売
においても50万円である。
7　当該電気製品に本邦において課された関税その他の公課は、
上記４件のいずれの国内販売においても300円／台である。

解答120　9,600,000 円

1　同一法人格を有する本支店の関係にある者間の取引については、関税定率法第4条第1項の規定により課税価格を計算することはできない。本問題の場合には、与えられた情報の中では、同法第4条の2及び第4条の3第1項第1号の規定により計算することができず、かつ、輸入者が希望していることから、同項第2号の規定に基づいて、加工後に国内販売された電気製品の国内販売価格により、課税価格を計算する。

2　加工後の輸入貨物の国内販売価格として採用できるのは、輸入者と特殊関係にない者への国内販売であって、最初の取引段階における国内販売に係る価格である。その国内販売が複数ある場合には、販売数量が最も大きいものの単価を基礎として課税価格を計算する。

　本問題の場合、設問3（1）の250台を販売した単価18,000円がこれに該当するので、輸入する電気製品の課税価格を計算する基礎となる国内販売価格は、4,500,000円（18,000円／台×250台）である。

3　加工後の輸入貨物の国内販売価格から、①当該加工により輸入貨物に付加された価額、②当該輸入貨物と同類の貨物で輸入されたものの国内販売に係る通常の手数料又は利潤及び一般経費、③当該輸入貨物に係る輸入港到着後国内販売するまでに要する通常の運賃、保険等の費用、及び④当該輸入貨物に係る本邦において課された関税その他の公課を控除する必要がある、設問4〜7がこれらに該当する。

　　課税価格　＝（上記2の価格 － 上記3の費用等）÷ 250台 × 800台
　　　　　　　＝ {4,500,000円 －（175,000円 ＋ 750,000円 ＋ 500,000円 ＋ 75,000円)}
　　　　　　　÷ 250台 × 800台 ＝ 9,600,000円

（注）「上記3の費用等」の額は、700円／台 × 250台 ＋ 3,000円／台 × 250台 ＋ 500,000円 ＋ 300円／台 × 250台 ＝ 1,500,000円である。

問題 121　輸入者Bは、自己と特殊関係にあるA国の輸出者Xとの間の売買契約により、工作機械5台を輸入したが、この工作機械の課税価格を関税定率法第4条の3第2項（製造原価に基づく課税価格の決定）の規定により計算することを希望している。

　この場合において、次の情報に基づいて課税価格を計算しなさい。

1　当該工作機械のA国の製造者P（Xが当該工作機械を製造委託した者）が提出した帳簿に基づいて計算した製造原価（原料費、人件費及び製造管理費）…300万円／台

2　P以外の製造者からA国において入手することのできた当該工作機械と同種の貨物の製造原価（原料費、人件費及び製造管理費）…250万円／台

3　A国で生産された当該工作機械と同類の貨物の本邦への輸出のための販売に係る通常の利潤及び一般経費…100万円／台

4　当該工作機械の本邦の輸入港までの運賃、保険料その他運送関連費用…10万円／台

5　当該工作機械を本邦の工場に据え付けるための費用…15万円／台

解答 121　　20,500,000 円

1　関税定率法第 4 条の 3 第 2 項の規定に基づき課税価格を計算する場合には、輸入貨物の生産者が提供した資料に基づいて計算する。

2　課税価格は、当該輸入貨物の製造原価に、当該輸入貨物の生産国で生産された当該輸入貨物と同類の貨物の本邦への輸出のための販売に係る通常の利潤及び一般経費並びに当該輸入貨物の本邦の輸入港までの運賃、保険料その他運送関連費用を加算する。
　　設問 1、3 及び 4 がこれに該当する。

3　設問 5 の費用は、輸入港到着後に発生した費用であり、加算しない。

　課税価格 ＝（300 万円＋ 100 万円＋ 10 万円）× 5 台 ＝ 20,500,000 円

■ Level 4　本試験レベル（標準問題中心）

問題 122　次の取引内容に係る輸入貨物の課税価格を計算しなさい。

本邦の買手Bは、A国の売手Sから紡織機械を継続的に輸入している。Bは、Sと本邦での当該紡織機械の販売に関して販売代理店契約を結び、Sから国内販売価格の10％に相当する額を国内販売に係る手数料として受領している。

今般、次の条件により当該紡織機械を輸入することとなった。

1　輸出者の工場渡し価格　　600,000円／台
2　輸入台数　　10台
3　Bは、Sとの契約により、工場渡し価格のほかに次の費用を別途負担する。
　イ　A国の工場からA国の輸出港までの運送に係る運賃及び保険料…50,000円
　ロ　A国の輸出港から本邦の輸入港までの運送に係る運賃及び保険料…150,000円
4　当該紡織機械の国内販売価格は、700,000円／台である。
5　BとSとの間には、特殊関係はない。

問題 123　次の取引内容に係る輸入貨物の課税価格を計算しなさい。

1　輸入者A（買手）は、外国の登山家K（売手）の写真集を出版することを計画しており、Kから写真のネガ・フィルム50枚を購入する契約を締結する。
2　当該ネガ・フィルムの売買契約書には、次の事項が記載されている。
　（1）当該ネガ・フィルムの代金は、1,000,000円（国際郵便料金込み）である。
　（2）Kは、当該ネガ・フィルムをAに国際郵便で送付する。
　（3）Aは、当該ネガ・フィルムを使用して写真を複製するためのライセンス料として、国内で販売する写真集の販売価格の3％をKに支払う。
3　Aは、国内で当該ネガ・フィルムを利用し、写真集とするために、合計3,000,000円の支出をした。
4　AとKとの間には、特殊関係はない。

解答 122　6,200,000 円

1　買手が売手の販売代理店である場合における売手からの代理店へのリターンコミッションは、一般的には国内販売活動等の費用であり、輸入貨物に係る価格調整金とは認められない。Bが受領する手数料は、Sの販売代理店としての本邦での活動費用であり、輸入貨物と関係がないと認められることから、課税価格の計算には影響を与えない。

2　現実支払価格
　　600,000 円 × 10 台 ＝ 6,000,000 円…①

3　加算要素
　　輸出国内の運賃及び保険料　　50,000 円…②
　　輸入港までの運賃及び保険料　150,000 円…③

　　課税価格 ＝ ① ＋ ② ＋ ③. ＝ 6,200,000 円

解答 123　1,000,000 円

1　輸入貨物は写真のネガ・フィルムであり、その販売価格（1,000,000 円）が現実支払価格となる。

2　設問2（3）のライセンス料は、輸入したネガ・フィルムをAが国内で編集、印刷して出版するため支払う著作権の使用に伴う対価であるが、複製権であるため、加算要素には当たらない。

3　設問3の支出は、当該ネガ・フィルムが本邦に到着した後に発生する費用であるため、非加算である。

　　課税価格 ＝ 1,000,000 円

問題 124　次の取引内容に係る輸入貨物の課税価格を計算しなさい。

1　輸入者M（買手）は、A国の生産者X（売手）との間で、玩具60,000個を購入する旨の契約を締結した。

2　当該玩具の売買契約書には、次の事項が記載されている。

　イ　Xの工場における工場渡し単価…270円／個

　ロ　M は、当該玩具を製造するために使用する治具を X に無償で提供する（当該治具を本邦のメーカー B から 200,000 円で購入し、当該治具を X に提供するために 40,000 円を要した。）。

　ハ　Xは、当該治具を使用して、当該玩具を60,000個生産し、生産終了後、当該治具を廃棄する。

3　Mは、Xから購入した当該玩具60,000個のうち、40,000個を輸入し、残り20,000個をA国にあるMの系列小売店へ300円／個で販売する（その際、当該玩具20,000個のA国における保管費用として、30,000円を負担する。）。

4　Mは、上記のほか、当該玩具40,000個の輸入に関し、次に掲げる費用を負担する。

　イ　Xの工場から輸出港までの運送に係る運賃…50,000円

　ロ　当該輸出港における船積みの費用…70,000円

　ハ　当該輸出港から本邦の輸入港までの運送に係る運賃…100,000円

　ニ　当該輸入港における船卸しに係る費用…15,000円

　ホ　輸入（納税）申告等の輸入手続に係る費用…25,000円

5　MとXとの間には、特殊関係はない。

解答124　11,180,000 円

1　玩具の購入価格（現実支払価格）

　40,000 個 × 270 円／個 ＝ 10,800,000 円…①

2　玩具の生産に関連し、M から X に対し、治具を無償で提供しているので、その費用は課税価格に算入する必要がある。（200,000 円＋ 40,000 円＝ 240,000 円）

　しかし、本問題の場合、当該治具を使用して生産された玩具の全量が本邦に輸入されるわけではないので、本邦向けの数量と A 国向けの数量で、当該費用を按分する。

　240,000 円 × 40,000 個／ 60,000 個 ＝ 160,000 円…②

3　A 国にある M の系列小売店への販売は、M と X との間の輸入取引とは無関係である。

4　玩具が本邦の輸入港に到着するまでの運送に要する運賃、その他運送に関連する費用は、課税価格に算入する。

　（1）輸出国内（輸出工場～輸出港）の運賃　　　50,000 円……③

　（2）輸出港における船積費用　　　　　　　　　70,000 円……④

　（3）輸出港から輸入港までの運賃　　　　　　 100,000 円……⑤

　（4）輸入港における船卸費用…不算入

　（5）輸入（納税）申告等の輸入手続に係る費用…不算入

　課税価格 ＝ ① ＋ ② ＋ ③ ＋ ④ ＋ ⑤ ＝ 11,180,000 円

Level

4

本試験レベル

問題 125 　次の取引内容に係る輸入貨物の課税価格を計算しなさい。。

1　輸入者M（買手）は、レターケース1,000台を輸入するため、A国のYを介して生産者X（売手）と当該レターケースに係る売買契約を締結する。

2　当該売買契約書には、次の事項が規定されている。

イ　A国のXの工場における工場渡し単価…1,500円／台

ロ　当該売買契約の締結日から起算して7日以内に当該売買価格の20％以上を支払うことを条件に、当該売買価格の5％の値引きが与えられる旨

ハ　M及びXは、Yへの仲介料として当該売買価格の3％の額をそれぞれ負担する旨

3　Mは、当該売買契約に基づき、Xから当該レターケース1,000台を輸入する。

4　Mは、当該売買契約の締結日から起算して6日目に、当該レターケースの貨物代金の一部として300,000円をXに支払うとともに、Yに対し仲介料を支払う。また、当該貨物代金の残額は、当該レターケースの本邦到着後にXに支払う。

5　Mは、上記のほか、当該レターケースの輸入に関し、次の費用を負担する。

イ　Xの工場における輸出のための梱包費用…49,000円

ロ　Xの工場からA国の輸出港までの運送に要する運賃及び保険料…30,000円

ハ　船積予定船舶の到着遅延による当該輸出港における一時保管料…15,000円

ニ　当該輸出港から本邦の輸入港までの運送に要する運賃…90,000円

ホ　当該輸出港から本邦所在のMの倉庫までの運送に要する一括して締結した保険契約に係る保険料…30,000円

6　上記の者のいずれの間にも特殊関係はない。

解答 125　　1,684,000 円

1　現実支払価格

　　現金値引きの取決めがあるときは、輸入貨物の納税申告の時までに当該値引き後の価格が現実に支払われているか、又は支払われることが確定しているのであれば、当該値引き後の価格が現実支払価格となる。

　　本問題では、売買契約の締結日から起算して 6 日目に 300,000 円（売買価格の 20％）が支払われており、5％の値引きを受けるための条件は充足している。

　　1,500 円／台 × 95％ × 1,000 台 ＝ 1,425,000 円…①

2　加算要素

　　（1）Y に対する仲介料　　　1,500 円／台 × 1,000 台 × 3％ ＝ 45,000 円…②

　　　　仲介料等の手数料は、買手が負担したものが加算要素となる。

　　（2）X の工場における輸出のための梱包費用　　　　　　　　　49,000 円…③

　　（3）輸出港までの運送に要する運賃及び保険料　　　　　　　　30,000 円…④

　　（4）船積予定船舶の到着遅延による当該輸出港における一時保管料

　　　　　　　　　　　　　　　　　　　　　　　　　　　　　　15,000 円…⑤

　　　　この一時保管料は、本邦の輸入港までの運送に要する「その他運送関連費用」に該当し、加算要素となる。

　　（5）本邦の輸入港までの運送に要する運賃及び保険料　　　　　90,000 円…⑥

　　（6）本邦の M の倉庫までの運送に要する一括保険料　　　　　30,000 円…⑦

　　　　国内運送に係る部分の保険料は課税価格に算入しないが、国内運送に要する保険料の額が明らかでなく、当該明らかでない額を含んだものとしてでなければ本邦の輸入港までの運送に要する保険料の額を把握できない場合は、当該明らかでない額を含んだ保険料の額を課税価格に算入する。

　課税価格 ＝ ① ＋ ② ＋ ③ ＋ ④ ＋ ⑤ ＋ ⑥ ＋ ⑦ ＝ 1,684,000 円

Level

4

本試験レベル

□□□□□

問題 126　次の取引内容に係る輸入貨物の課税価格を計算しなさい。

1　輸入者M（買手）は、A国の輸出者X（売手）から木製家具を輸入する。
2　当該木製家具の仕入書価格は、FOB価格4,800,000円である。
3　Mは、当該木製家具の生産に関連して、次の費用を当該仕入書価格とは別に負担している。
　イ　B国のYから購入した当該木製家具の生産のために使用された部分品であって、Xに対し無償で提供したものの取得費用…900,000円
　ロ　当該部分品の買付けに係る業務を委託したB国のZに対する手数料…50,000円
　ハ　当該部分品をXに提供するために要した運賃及び保険料…100,000円
　ニ　A国に居住している日本人デザイナーDがA国で作成した当該木製家具のデザインであって、Xに対し無償で提供したものの取得費用…800,000円
4　当該木製家具の本邦までの海上運送は当初Mが手配し、当該海上運送に係る運賃及び保険料の見積価格は150,000円であった。しかしながら、当該木製家具の生産の遅れにより、本邦への到着が遅延するおそれが生じたため、XはMと協議のうえ、当該木製家具を航空運送により本邦に輸出した。
　なお、当該航空運送に係る運賃及び保険料は400,000円であり、Xが全額を負担した。
5　上記の者のいずれの間にも特殊関係はない。

解答126　6,800,000 円

1　現実支払価格
　　木製家具の仕入書価格（FOB 価格）　　　　　　4,800,000 円…①
2　加算要素
　　（1）部分品の無償提供に要した費用
　　　　　無償で X に提供した部分品の取得費用　　　900,000 円…②
　　　　　部分品の買付業務に係る Z に対する手数料　　50,000 円…③
　　　　　部分品の X への提供費用　　　　　　　　100,000 円…④
　　（2）無償提供した木製家具のデザインの取得費用　800,000 円…⑤
　　（3）航空運送に要した運賃及び保険料
　　　　　生産の遅れにより航空運送に変更し、その運賃を X が全額負担したものであ
　　　　り、M の責めに帰することができない理由によることから「航空運送貨物に係
　　　　る課税価格の決定の特例」を適用することができる。したがって、航空機によ
　　　　る運送方法以外の通常の運送方法による運賃及び保険料、すなわち M が当初手
　　　　配した海上運送に係る運賃及び保険料が加算要素となる。
　　　　　海上運賃及び保険料の見積価格　　　　　　150,000 円…⑥

　課税価格 ＝ ① ＋ ② ＋ ③ ＋ ④ ＋ ⑤ ＋ ⑥ ＝ 6,800,000 円

（参考）無償で又は値引きをして売手に提供した物品又は役務については、その取得費
用（当該物品又は役務を特殊関係にある者から取得した場合は、当該物品の生産費又は
当該役務の開発費）のみならず、その提供に要した運賃、保険料等の費用も加算要素と
なる。また、当該物品又は役務の買付けを他の者に委託し、その買付けに係る手数料を
支払う場合は、当該買付けに係る手数料は、輸入貨物の買付手数料ではないので、当該
物品又は役務に要する費用として加算要素となる。

問題127　次の取引内容に係る輸入貨物の課税価格を計算しなさい。

1　輸入者M（買手）は、化学工業製品3,000トンをA国の輸出者
　　X（売手）から輸入することとした。

2　当該化学工業製品を運送するために、Mは船会社と用船契約
　　を結び、用船した船舶の船倉を改装し、運送終了後に改装前の
　　状態に復旧する。

3　Mは、当該改装及び復旧に係る費用を当該船舶の用船費用
　　（用船料、燃料費、乗組員費等を含む。）に加えて当該船会社
　　に支払う。

4　当該化学工業製品の契約価格
　　FOB単価　15,000円／トン

5　当該船会社への支払
　　用船費用　3,000,000円
　　改装及び復旧の費用（復旧費用の額は明らかでない。）
　　1,000,000円

6　Mは、実際に要した航海日数が、当該用船契約において予定
　　された航海日数を超えたため、当該船会社に対し割増料金
　　500,000円を支払う。なお、実際に要した航海日数は、当該船
　　舶の性能、航路の状況等からみて、標準的な航海日数を著しく
　　超えるものではない。

7　Mは、Xとの契約に基づき、当該化学工業製品を500トンご
　　とに収納する鉄鋼製の容器をA国のメーカーYから容器1つに
　　つき100,000円で購入し、Xに無償で提供する。また、その提供
　　のための運賃50,000円を負担する。

8　Mは、当該化学工業製品の運送に関して海上保険を付し、本
　　邦の保険会社に保険料150,000円を支払う。

9　上記の者のいずれの間にも特殊関係はない。

解答 127　　50,300,000 円

　用船した船舶により輸入貨物を本邦に運送する場合に加算要素となる運賃は、その用船料に燃料費、乗組員費、保険料等の費用を加えたものである。この場合、標準的な航海日数を著しく超えない日数を実際の運送に要し、その日数が用船契約に定める航海日数を超えるために支払う割増料金は、当該運賃に含まれる。

　なお、輸入貨物を運送するために要した船舶の改装費用は、加算要素となる運賃に含まれる。原状復旧のための費用は、本邦到着後の費用であり、現実支払価格にも加算要素にも該当しないため、その費用の額が明らかであれば、課税価格に算入されないが、その額が明らかでない場合は、運送関連費用として課税価格に算入する必要がある。

1　現実支払価格
　　15,000 円 × 3,000 トン ＝ 45,000,000 円…①
2　加算要素
　　用船費用　　　3,000,000 円…②
　　改装等費用　　1,000,000 円…③
　　割増料金　　　　500,000 円…④
　　無償提供する容器に要する費用
　　3,000 トン ÷ 500 トン × 100,000 円 ＋ 50,000 円 ＝ 650,000 円…⑤
　　海上保険料　　150,000 円…⑥

　課税価格 ＝ ① ＋ ② ＋ ③ ＋ ④ ＋ ⑤ ＋ ⑥ ＝ 50,300,000 円

問題 **128**　次の取引内容に係る輸入貨物の課税価格を計算しなさい。

1　輸入者M（買手）は、男子用の上着を輸入するため、A国の輸出者X（売手）との間で売買契約を締結した。

2　当該上着の売買契約書には、次の事項が記載されている。
（1）売買単価　　　　　6,000円／着
（2）売買契約数量　　　2,000着
（3）引渡し条件　　　　Xの工場渡し条件
（4）Mは、当該上着の生地をXに提供し、Xは、Mに当該生地の代金を支払う旨
（5）Xは、当該売買契約に定める品質に合致した上着を生産するために必要な検査を実施する旨

3　当該売買契約を締結するためXの副社長が来日した際、Xの依頼により、当該副社長の滞在費（50,000円）をMが負担した。

4　Mは、本邦の卸問屋Yから当該上着の生地を900,000円で購入する。また、Mは、購入価格とは別に当該生地をXに提供するための運賃（50,000円）を負担する。

5　Mは、当該生地をXに輸送費込みで800,000円で販売し、Xからその代金を受領する。

6　Mは、当該売買契約に基づき、Xから上着2,000着を輸入する。

7　Mは、当該売買契約に従い、当該上着の代金をXに支払う。

8　Mは、B国のデザイン会社Zが本邦で作成した絵柄（当該上着の製造に使用するもの）を40,000円で購入し、Xに無償で提供するため、当該絵柄をインターネットでXに送信する。

9　Mは、自社の社員をA国に派遣する。当該社員はXによる上着の生産に係る作業には従事することなく、生産の工程を視察し、当該視察の結果をMに報告する。Mは、当該社員の渡航費及び滞在費として130,000円を負担する。

10　Xは、上記2（5）の検査をA国の検査機関に依頼し、その検査費用50,000円はMが負担する。

11　Mは、当該上着のXの工場から本邦の輸入港までの運送に係る運賃、保険料その他運送関連費用（110,000円）を負担する。

12　上記の者のいずれの間にも特殊関係はない。

解答 **128**　12,360,000 円

　生地等の材料を有償提供した場合であって、その売買価格が実際の取得価格及び提供費用を下回っている場合（値引きをして提供した場合）には、その差額は、加算要素として課税価格に算入する必要がある。

1　現実支払価格
　（1）上着の購入価格（工場渡し価格）
　　　2,000 着 × 6,000 円／着 ＝ 12,000,000 円…①
　（2）設問 3 の X の副社長の来日に係る経費は、M の X に対する間接支払に該当する。
　　　50,000 円…②
　（3）設問 10 の検査は、X が自己のために行ったものであり、その検査費用を M が負担する場合は間接支払に該当する。
　　　50,000 円…③
2　加算要素
　（1）生地の値引提供額
　　　950,000 円 － 800,000 円 ＝ 150,000 円…④
　（2）上着の X の工場から本邦の輸入港までの運賃等
　　　110,000 円…⑤
3　M から X に無償提供された絵柄は、本邦において作成されたものであるため、加算要素には該当しない。
4　設問 9 の M が支払った費用は、社員が輸入貨物の生産作業に従事していないので、課税価格に算入する必要はない。

　課税価格 ＝ ① ＋ ② ＋ ③ ＋ ④ ＋ ⑤ ＝ 12,360,000 円

Level **4**
本試験レベル

問題 **129**　次の取引内容に係る輸入貨物の課税価格を計算しなさい。

1　輸入者M（買手）は、A国所在の輸出者X（売手）から、A国所在の仲介人Bを介して特殊機械を輸入する。

2　当該特殊機械の仕入書価格は、CIF価格20,000,000円である。

3　Mは、当該特殊機械を輸入するに当たり、当該仕入書価格とは別に次の費用を支払うこととなっている。

（1）Xが自己のために第三者である検査機関に依頼して輸出地で行った検査に要する費用…300,000円

（2）輸出港から輸入港までのコンテナー賃借料（当該輸入港到着日の翌日から返却日までのコンテナー賃借料600,000円を含む。）…1,200,000円

（3）当該特殊機械の輸入の許可後に本邦においてXの依頼に基づき専門家によって行われる操作方法等の技術指導に要する費用…500,000円

（4）当該特殊機械に係る輸入取引に関するBに対する仲介手数料…30,000円

（5）Mが当該特殊機械の代金の融資を受けた銀行に対して支払う利息…350,000円

4　Bは、Xからも仲介手数料30,000円を受け取る。

5　上記の者のいずれの間にも特殊関係はない。

解答 129　20,930,000 円

1　現実支払価格

　　イ　特殊機械の購入価格（CIF 価格）　　　20,000,000 円…①

　　ロ　売手のための検査費用　　　　　　　　300,000 円…②

　　　　売手が自己のために行う検査費用は、売手の債務であり、その費用を買手が負担する場合には、現実支払価格を構成することとなるので留意する。

2　加算要素

　　イ　コンテナー賃借料　1,200,000 円 － 600,000 円 = 600,000 円…③

　　　　輸入港到着日の翌日以降の期間に対応するコンテナー賃借料は、本邦到着後の費用であるため、その額が明らかであれば、現実支払価格にも加算要素にも該当しないことから、課税価格に算入しない。

　　ロ　仲介手数料（M が支払うもの）　　　　30,000 円…④

3　課税価格に算入しない費用

　　イ　設問 3（3）の技術指導に要する費用は、輸入の許可後に発生する費用であり、現実支払価格に含まれず、また加算要素にも該当しない。

　　ロ　設問 3（5）の銀行融資に係る利息は、M と X との間の輸入取引とは無関係の費用である。

　　ハ　設問 4 の X が支払う仲介手数料は、買手により負担されるものではないので、加算要素に該当しない。

　　課税価格 = ① + ② + ③ + ④ = 20,930,000 円

Level

4

本試験レベル

問題 130　　次の取引内容に係る輸入貨物の課税価格を計算しなさい。

1　輸入者M（買手）は、冷凍野菜（30,000kg）を輸入するため、A国の輸出者X（売手）との間で、年間における冷凍野菜の売買に係る次の内容の基本契約を締結した。

イ　Mは、基本契約締結後速やかに、契約期間における冷凍野菜の輸入予定数量をXに通知する。

ロ　MとXとの間の冷凍野菜の売買単価は、60円／kg（CFR価格）である。

ハ　Mは、基本契約締結後速やかに、購入予定数量1kg当たり20円をA国の生産者Yに前払いする。

ニ　Xは、MがYに前払いした額を控除して、M宛ての仕入書を作成する。

2　Mは、上記1イの購入予定数量が250,000kgである旨をXに通知し、5,000,000円をYに支払った。

3　Mは、購入予定数量のうち30,000kgの冷凍野菜をXから輸入した。当該冷凍野菜の仕入書価格は1,200,000円（CFR価格）であり、その額をMはXに支払った。

4　Mは、本邦に到着した当該冷凍野菜について、その輸入（納税）申告に先立ち公認検定機関に検品を依頼したところ、その一部の貨物について変質していることが判明した。なお、当該検定機関が作成した証明書において、当該変質による減価に相当する額は540,000円とされており、当該変質は、MとXの双方にとって事前に予想していないものであった。

5　Mは、当該冷凍野菜の本邦への輸送に関して、保険を付していない。

6　上記の者のいずれの間にも特殊関係はない。

解答 130　1,260,000 円

1　建値である CFR 価格は、本邦までの運送関連費用を含んだ価格である。

2　Y への前払いは、X への間接的な支払であり、現実支払価格に含まれる。

3　本問題の条件での冷凍野菜の変質による減価に相当する額は、関税定率法第 4 条の
　5（変質又は損傷に係る輸入貨物の課税価格の決定）の規定により、当該減価に相当
する額を控除して、課税価格を計算する。

4　冷凍野菜の契約価格は、
　　250,000 kg × 60 円／kg ＝ 15,000,000 円である。
　　今回の輸入数量は 30,000 kg である。
　　30,000 kg × 60 円／kg ＝ 1,800,000 円…①
　　（仕入書から計算する場合は，前払金の額を加算する。）
　　1,200,000 円 ＋（30,000 kg× 20 円／kg）＝ 1,800,000 円

5　変質による減価額　540,000 円…②

　課税価格 ＝ ① － ② ＝ 1,260,000 円

（注）　輸入貨物の変質又は損傷による減価に相当する額の控除は、当該変質又は損傷が
当該輸入貨物につき一定の割合で生じることを予想して売買契約が締結されているとき
は適用されないので、注意を要する。

Level
4
本試験レベル

問題 131　次の取引内容に係る輸入貨物の課税価格を計算しなさい。

1　輸入者M（買手）は、A国の輸出者X（売手）から加工水産物を輸入する。

2　当該加工水産物の売買契約には、原料となる水産物の漁獲量が予測できないこと等から、年間の漁獲量に応じて最終取引価格を決定する価格調整条項が付されている。また、当該売買契約には、当該加工水産物の変質による減価が80万円以下の場合は、クレームや値引きの対象とならない旨が盛り込まれている。

3　当該加工水産物の暫定仕入書価格は、CIF価格8,900,000円である。

4　今般、年間の漁獲量が確定したことから、価格調整条項に基づき最終取引価格を計算した結果、Mは、当該暫定仕入書価格との差額300,000円をXに支払うこととなった。

5　Mは、当該加工水産物の生産に関連して、上記3及び4のほか、次の費用を負担している。

イ　B国のYから購入した当該加工水産物の製造のために使用された調味料であってXに無償で提供したものの取得費用…450,000円

ロ　当該調味料の買付けに係る業務を委託したB国のZに対する手数料…50,000円

ハ　当該調味料をXに提供するために要した運賃及び保険料…20,000円

6　Mは、本邦に到着した当該加工水産物について、その輸入（納税）申告に先立ち公認検定機関に検品を依頼したところ、一部の貨物について変質しているものがあることが判明した。なお、当該検定機関が作成した証明書において、当該変質による減価に相当する額は650,000円であった。

7　上記の者のいずれの間にも特殊関係はない。

解答 131　　9,720,000 円

1　現実支払価格
（1）加工水産物の暫定仕入書価格　　　　　　8,900,000 円…①
（2）価格調整条項に基づき M が X に支払う差額　300,000 円…②
　　　価格調整条項の付された売買契約による輸入貨物の現実支払価格は、調整後
　　の価格である。
2　加算要素
無償提供した調味料の取得費用　　　　　　450,000 円…③
調味料の買付けに対する手数料　　　　　　50,000 円…④
調味料の提供に要した運賃及び保険料　　　20,000 円…⑤

　課税価格 ＝ ① ＋ ② ＋ ③ ＋ ④ ＋ ⑤ ＝ 9,720,000 円

（注）　設問 6 の変質による減価に相当する額については、設問 2 のとおり、当該変質が
あり得ることを予測して売買契約が締結されているので、控除の対象にならない。

問題 **132**　関税定率法第４条の２（同種又は類似の貨物に係る取引価格による課税価格の決定）の規定により、次の取引内容に係る輸入貨物の課税価格を計算しなさい。

1　輸入者Mは、A国の生産者Xと委託販売契約を締結し、当該委託販売契約に基づいて衣類500着を輸入する。

2　当該衣類と同種又は類似の輸入貨物に係る取引価格（関税定率法第４条第１項の規定により課税価格とされたもの）について、次に掲げるものが確認されている。

イ　MがA国の生産者Yから類似の貨物600着を輸入した時の当該貨物の取引価格（CFR価格）…500円／着

ロ　輸入者PがXから同種の貨物1,200着を輸入した時の当該貨物の取引価格（CFR価格）…600円／着

ハ　輸入者QがA国の生産者Zから同種の貨物1,100着を輸入した時の当該貨物の取引価格（CFR価格）…700円／着

3　上記２イからハまでの同種又は類似の貨物の取引数量に対応する価格（CFR価格）は次のとおりである。

イ　上記２イの類似の貨物の価格

（取引数量）	（単価）
0～499着	600円
500着以上	500円

ロ　上記２ロの同種の貨物の価格

（取引数量）	（単価）
0～999着	700円
1,000着以上	600円

ハ　上記２ハの同種の貨物の価格

（取引数量）	（単価）
0～999着	750円
1,000着以上	700円

4　上記１の衣類と上記２イからハまでの同種又は類似の輸入貨物との間に、上記２及び３以外の差異はない。

解答 132　350,000 円

1　輸入貨物と同種又は類似の貨物は、当該輸入貨物の生産国で生産され輸入されるものでなければならないが、本問題の場合は、いずれも A 国で生産され輸入されているので問題はない。

2　輸入貨物と同種の貨物に係る取引価格と類似の貨物に係る取引価格の双方があるときは、同種の貨物に係る取引価格とすることとされている。

　　同種の貨物に係る取引価格　　設問 2 ロ…600 円／着
　　　　　　　　　　　　　　　　設問 2 ハ…700 円／着

3　輸入貨物と同種の貨物について、当該輸入貨物の生産者が生産したものと、他の生産者が生産したものがあるときは、当該輸入貨物の生産者が生産したものに係る取引価格によることから、設問 2 ロの貨物に係る取引価格に基づき当該輸入貨物の課税価格を計算する。

4　取引数量の差異に基づく調整

　　設問 2 ロの貨物の取引数量は 1,200 着であるが、本問題の輸入数量は 500 着であることから、取引数量の差異に基づく調整をする必要があり、設問 3 ロのうち輸入数量 500 着に対応する単価 700 円により課税価格を計算する。

　課税価格 ＝ 500 着 × 700 円／着 ＝ 350,000 円

問題133　次の情報に基づき、輸入者Mが輸入する機器300台について、関税定率法第4条の3第1項第1号に規定する国内販売価格に基づいて課税価格を計算しなさい。なお、1円未満の端数がある場合は、これを切り捨てた額とする。

1　Mは、A国の輸出者Xとの間の委託販売契約に基づき、A国で生産された機器300台を輸入する。

2　Mが輸入する機器300台（以下「輸入貨物」という。）の課税物件確定の時の属する日に近接する期間内に、輸入貨物と同種の貨物であってA国で生産されたものが、国内における売手と特殊関係にある買手に対し国内販売された状況は次のとおりである。

	単価	単価ごとの販売に係る数量
国内販売①	12,000円	200台
国内販売②	17,000円	300台

3　輸入貨物の課税物件確定の時の属する日に近接する期間内に、輸入貨物と類似の貨物であってA国で生産されたものが、国内における売手と特殊関係にない買手に対し国内販売された状況は次のとおりである。

	単価	単価ごとの販売に係る数量
国内販売③	15,000円	180台
国内販売④	20,000円	350台

4　Mは、A国における輸入貨物の保管に要する費用として120,000円を負担している。

5　Mは、輸入貨物が輸入港に到着するまでの運送に要する運賃として150,000円を負担している。

6　輸入貨物と同類の貨物で輸入されたものの国内販売に係る通常の利潤及び一般経費は、3,000円／台である。

7　上記2及び3の国内販売に係る同種又は類似の貨物に係る輸入港到着後国内において販売するまでの運送に要する通常の運賃、保険料その他当該運送に関連する費用は、いずれも150,000円である。

8　上記2及び3の国内販売に係る同種又は類似の貨物に係る本邦において課された関税及び消費税（地方消費税を含む。）は、以下のとおりである。

	関税	消費税（地方消費税を含む。）
国内販売①	49,500円	169,900円
国内販売②	121,500円	417,100円
国内販売③	63,000円	216,300円
国内販売④	174,000円	597,400円

解答 133　4,310,228 円

1　輸入貨物又は当該輸入貨物と同種若しくは類似の貨物（以下「輸入貨物等」という。）の国内販売価格から当該輸入貨物の課税価格を計算する場合は、国内における売手と特殊関係のない買手に対し販売された当該輸入貨物等の国内販売価格でなければならない。

　　また、同順位の当該輸入貨物等の販売が二以上あり、その単価が異なるときは、その販売数量が最大である販売に係る単価により、当該輸入貨物等の全量が販売されたものとして国内販売価格を計算する（関税定率法第 4 条の 3 第 1 項第 1 号、同法施行令第 1 条の 10 第 2 項）。

　　以上のことから、国内販売④の単価 20,000 円により計算した国内販売価格が課税価格の計算に当たり採用される。

　　350 台 × 20,000 円／台 ＝ 7,000,000 円…①

2　国内販売された輸入貨物等の国内販売価格から課税価格を計算する場合には、当該輸入貨物等が輸入港到着後に発生した費用等を当該国内販売価格から控除する必要がある。

　　設問 6 ～ 8 の費用がこれに該当する。

　　（1）同類の貨物で輸入されたものの国内販売に係る通常の利潤及び一般経費（同法第 4 条の 3 第 1 項第 1 号イ）

　　　　350 台 × 3,000 円／台 ＝ 1,050,000 円…②

　　（2）国内販売④の類似の貨物に係る輸入港到着後国内において販売するまでの運送に要する通常の運賃、保険料その他当該運送に関連する費用（同法第 4 条の 3 第 1 項第 1 号ロ）

　　　　150,000 円…③

　　（3）国内販売④の類似の貨物に係る本邦において課された関税その他の公課（同法第 4 条の 3 第 1 項第 1 号ハ）

　　　　174,000 円 ＋ 597,400 円 ＝ 771,400 円…④

3　設問 4 及び 5 の費用は、課税価格の計算の基礎となる国内販売価格に既に含まれていることから、加算又は控除してはならない。

4　輸入貨物の課税価格は、上記 1 の国内販売価格から上記 2 の費用等を控除した額を国内販売④の販売数量で除してその単価を算出し、当該単価に輸入貨物の数量を乗じて計算する。

　　課税価格 ＝（① － ② － ③ － ④）÷ 350 台 × 300 台 ＝ 4,310,228 円

（参考）輸入貨物の国内販売価格が最優先で適用され、これがないときは、同種の貨物の国内販売価格、類似の貨物の国内販売価格の順に適用される。なお、同種又は類似の貨物は、輸入貨物の生産国で生産されたものに限られ、当該輸入貨物の輸入者が輸入した同種の貨物に係る国内販売価格と他の輸入者が輸入した同種の貨物に係る国内販売価格があるときは、前者の国内販売価格が優先する（類似の貨物についても同様）。

Level

4

本試験レベル

問題 **134**　次の取引内容に係る輸入貨物の課税価格を計算しなさい。

1　輸入者M（買手）は、輸出者X（売手）との間で、映像が記録されたDVD500枚に係る売買契約を締結し、当該売買契約に基づき、当該DVD500枚を輸入する。

2　当該売買契約において、当該DVDの単価（FOB価格）は1,000円とされており、その内訳が次のとおり規定されている。

イ　DVDに記録されている映像自体の価格…600円／枚
ロ　DVD本体（キャリアメディア）の価格…100円／枚
ハ　DVDへの映像の記録費用…200円／枚
ニ　DVDの包装費用…100円／枚

3　Mは、当該DVDの輸入に関連し、当該DVDをA国から本邦の輸入港まで航空運送するための運賃70,000円及び保険料15,000円を支払ったが、損害がなかったことから、保険料の一部5,000円の払戻しを受けた。

4　当該DVDにはXの商標が付されており、Mは、当該DVDを購入するに当たり、ライセンス契約をXとの間で締結し、当該DVDの貨物代金とは別に、当該商標の使用に伴う対価（ロイヤルティ）として、当該DVDの本邦における販売価格の5％をXに支払う。

5　Mは、当該DVD500枚を単価3,000円で本邦においてすべて販売した。

6　MとXとの間には、特殊関係はない。

解答 134　655,000 円

1　現実支払価格

　　ソフトウェアを記録しているキャリアメディア（磁気テープ、磁気ディスク等）の課税価格は、当該ソフトウェアの価格が当該キャリアメディアの価格と区別される場合は、当該キャリアメディアの価格（当該キャリアメディア自体の価格、当該ソフトウェアを当該キャリアメディアに記録するための費用等を含む。）となる。この場合において、「ソフトウェア」とは、データ処理機器の運用に関係する計算機プログラム、手順、規則又はデータ処理機器に使用されるデータをいい、サウンド、シネマチック及びビデオ・レコーディングは含まないので、映像が記録された DVD の場合は、当該映像自体の価格も課税価格に算入される。

　　1,000 円／枚　×　500 枚　＝　500,000 円…①

2　加算要素

　　（1）本邦の輸入港までの運賃　　70,000 円…②

　　（2）本邦の輸入港までの保険料　15,000 円　－　5,000 円　＝　10,000 円…③

　　（3）Ｘの商標の使用に伴う対価　3,000 円／枚　×　500 枚　×　5%　＝　75,000 円…④

　　課税価格　＝　①　＋　②　＋　③　＋　④　＝　655,000 円

Level

4

本試験レベル

問題 135　次の取引内容に係る輸入貨物の課税価格を計算しなさい。

1　輸入者M（買手）は、木材加工機械３台を輸入するために、A国の輸出者X（売手）との間で売買契約を締結した。

2　当該木材加工機械の売買契約書には、次の事項が記載されている。

イ　A国の工場渡し単価…1,100,000円／台

ロ　Mは、当該木材加工機械の製造に必要な部品をXに無償で提供する旨

3　Mは、当該売買契約に基づき、当該木材加工機械３台を輸入する。

4　Mは、当該木材加工機械の製造に必要な部品を本邦の部品メーカーYから800,000円で購入し、Xに無償で提供する。また、その提供のための運賃及び保険料100,000円を負担する。なお、Yによる当該部品の生産費は1,000,000円である。

5　Mは、当該木材加工機械の代金及び上記４の費用とは別に、当該木材加工機械３台の輸入に関し、次の費用を負担する。

イ　Xの工場からA国の輸出港までの運送に係る運賃及び保険料…40,000円

ロ　A国の輸出港において要するコンテナ・サービス・チャージ…45,000円

ハ　本邦の輸入港までの運賃及び保険料…120,000円

ニ　本邦の輸入港における船卸費用…50,000円

ホ　本邦の輸入港からMの工場までの運送に係る運賃及び保険料…60,000円

6　MとXとの間及びXとYとの間には特殊関係はないが、MとYとの間には特殊関係がある。

解答 135　4,605,000 円

　輸入貨物の課税価格は、買手の売手に対する支払の総額（現実支払価格）に、それに含まれていない限度で加算要素に係る費用等の額を加えた価格に基づいて計算される。

1　木材加工機械の現実支払価格
　　1,100,000 円／台 × 3 台 = 3,300,000 円…①

2　加算要素に該当する費用等の額
　　（1）無償で提供した部品に要する費用
　　　　　特殊関係にある者から取得した部品を無償で提供した場合に加算要素となるのは、取得費ではなく、当該部品の生産費に、その提供のための運賃等を加えたものである。
　　　　　1,000,000 円 + 100,000 円 = 1,100,000 円…②
　　（2）Xの工場から輸出港までの運賃及び保険料　　　　　　　　40,000 円…③
　　（3）A 国輸出港において要するコンテナー・サービス・チャージ　45,000 円…④
　　（4）本邦の輸入港までの運賃及び保険料　　　　　　　　　　120,000 円…⑤

3　本邦の輸入港における船卸費用及び M の工場までの運送費用等は、輸入港に到着するまでに要する費用ではないので、加算要素に該当しない。

　　課税価格 = ① + ② + ③ + ④ + ⑤ = 4,605,000 円

問題136　次の取引内容に係る輸入貨物の課税価格を計算しなさい。

1　輸入者M（買手）は、A国の輸出者X（売手）から金属製品を購入する契約を、Xの子会社Y（本邦所在）を介して締結した。

2　当該金属製品の売買契約書には、次の事項が記載されている。

イ　単価（EXW）…240円／個

ロ　売買契約数量…30,000個

ハ　Mは、本邦に輸入する当該金属製品の販売に関する手数料（購入価格の2％に相当する額）をYに支払う旨

ニ　当該金属製品の生産のために使用される金型は、Mが自社生産し、Xに無償で提供する旨

ホ　Xは、契約数量分の当該金属製品を生産した後に、当該金型を廃棄する旨

3　Mは、当該金属製品30,000個のうち、20,000個はB国の販売店に送ることとし、残りの10,000個を本邦に輸入する。

4　Mは、次に掲げる額の費用を上記の購入価格及び販売に関する手数料とは別に負担している。

イ　当該金属製品の生産に使用された金型の生産費…45,000円

ロ　当該金型をXに提供するために要した運賃及び保険料…15,000円

ハ　当該金属製品20,000個をB国の輸入港まで運送するために要した運賃及び保険料…75,000円

ニ　当該金属製品10,000個を本邦の輸入港まで運送するために要した運賃及び保険料…105,000円

5　MとXとの間には、特殊関係はない。

解答136　2,573,000 円

1　現実支払価格

　　本邦に輸入する金属製品（10,000 個）の価格（設問 2 イ、3）

　　10,000 個 × 240 円 ＝ 2,400,000 円…①

2　加算要素

　　イ　無償提供した金型の生産費及び提供に要した運賃等の費用のうち、輸入する
　　　　10,000 個に対応するもの（設問 3、4 イ、ロ）

　　　　（45,000 円＋ 15,000 円）× 10,000 個 ÷ 30,000 個 ＝ 20,000 円…②

　　ロ　販売手数料（設問 2 ハ、3）

　　　　10,000 個 × 240 円 × 2％ ＝ 48,000 円…③

　　ハ　本邦に輸入する金属製品 10,000 個に係る運賃及び保険料（設問 4 ニ）

　　　　105,000 円…④

3　金属製品 20,000 個の B 国への運賃等は、本問題の輸入取引に関係しないので、加
　　算要素ではない。

　　課税価格 ＝ ① ＋ ② ＋ ③ ＋ ④ ＝ 2,573,000 円

問題 137　次の取引内容に係る輸入貨物の課税価格を計算しなさい。

1　輸入者M（買手）は、A国の輸出者X（売手）から婦人服を輸入する。

2　当該婦人服の仕入書価格は、CIF価格7,000,000円である。

3　Mは、当該婦人服の生産に関連して、Xに対し次の物品及び役務を無償で提供し、それぞれに掲げる費用の額を当該仕入書価格とは別に負担している。

　（1）当該婦人服の生産に必要な材料で、A国所在のBから購入したもの…500,000円

　（2）我が国の法律に基づき表示することが義務付けられている事項のみが表示されたラベル…20,000円

　（3）著名なデザイナーが本邦において作成したデザイン…1,000,000円

4　Mは、Xとの取決めに従って、当該婦人服を購入するために、当該仕入書価格及び上記3の費用とは別に、次の支払をしなければならない。

　（1）本邦にあるXの支店の活動経費の一部…仕入書価格の3％

　（2）当該婦人服の輸入取引をするために第三者である商標権者に支払うこととされている当該婦人服に付された商標に係る商標権の使用に伴う対価…仕入書価格の10％

5　Mは、Xの指示により、当該仕入書価格のうち2,000,000円をXが債務を負っている本邦に所在するCに対して支払うこととされ、仕入書には、当該額を控除した5,000,000円をMがXに送金する旨記載されている。

6　上記の者のいずれの間にも特殊関係はない。

解答 137　　8,410,000 円

　生地等の無償提供費用は、加算要素に該当し、また、輸入貨物に係る商標権の使用に伴う対価で、当該輸入貨物の取引の状況その他の事情からみて本件輸入取引をするために支払われるものは、加算要素に該当する。

　なお、売手の支店活動費用は、売手の債務であり、この費用を買手が負担する場合には、現実支払価格に含まれることとなるので留意する。

1　現実支払価格
　（1）婦人服の仕入書価格（CIF 価格）　　7,000,000 円…①
　（2）本来 X が負担すべき X の支店の活動費用
　　　　仕入書価格の 3% ＝ ① × 3% ＝ 210,000 円…②
2　加算要素
　（1）無償提供した材料に要する費用　　500,000 円…③
　（2）商標権使用料　① × 10% ＝ 700,000 円…④
3　M から X に提供されたラベルに、我が国の法令に基づき表示することが義務付けられている事項のみが表示されている場合には、当該ラベルの費用は、加算要素には該当しない。
4　M から X に提供されたデザインは、本邦において作成されたものであるため、その作成費用は、加算要素には該当しない。
5　設問 5 の記述は、仕入書価格自体を変更するものではないので、課税価格の計算においては無関係である。

　課税価格 ＝ ① ＋ ② ＋ ③ ＋ ④ ＝ 8,410,000 円

Level 5　本試験レベル（難解問題中心）

問題 138　次の取引内容に係る輸入貨物の課税価格を計算しなさい。

1　輸入者M（買手）は、衣類500着を輸入するため、A国の輸出者X（売手）との間で、CFR条件（海上運賃込み）により単価2,000円／着で売買契約を締結する。
2　Mは、当該売買契約に基づき、Xから当該衣類500着を輸入する。
3　Mは、本邦の商社Yに当該衣類の生産に使用するボタンの買付けを委託し、Yに当該ボタンの代金の5％の額を手数料として支払う。
4　Yは、Mに代わって、資材メーカーZからボタン3,100個を単価10円／個で買い付ける。Mは、当該ボタンの代金31,000円及び当該ボタンの買付けに係る手数料をYに支払う。
5　Mは、当該ボタンのうち、3,000個をXへ無償で提供し、当該提供に要する費用20,000円を負担する。
6　Xは、Mから無償で提供されたボタン3,000個を使用して衣類500着を製造する。
7　Mは、本邦の再販売先からの要請により、Xに対して当該衣類の運送方法を海上運送から航空運送に変更するよう依頼する。この変更に伴い、当該衣類の輸入港到着までの運送に係る追加費用40,000円が発生し、Mが25,000円を、Xが15,000円を負担する。
8　上記の者のいずれの間にも特殊関係はない。

解答 138　　1,076,500 円

1　現実支払価格

衣類の購入価格

500 着 × 2,000 円／着 ＝ 1,000,000 円…①

2　加算要素

（1）無償提供したボタンに要する費用

　　M は、輸入する衣類の生産に必要な原材料であるボタンを Y に委託して 3,100 個を買い付けた上、3,000 個のみを無償提供しているので、この無償提供に要した費用を課税価格に算入する。

イ　ボタンの取得費用

3,000 個 × 10 円／個 ＝ 30,000 円…②

ロ　ボタンの無償提供に要した費用

20,000 円…③

ハ　ボタンに係る Y への手数料（輸入貨物である衣類自体の買付手数料ではなく、輸入貨物である衣類を製造するために必要な原材料の買付けに係る手数料であるので、課税価格に算入する。）

3,000 個 × 10 円／個× 5％ ＝ 1,500 円…④

（2）海上運送から航空運送への変更に伴い買手が負担する追加費用

25,000 円…⑤

　　当初予定していた衣類の海上運送を M が航空運送に変更したことに伴い、M が負担する追加費用のみを課税価格に算入する。なお、X が負担する追加費用は、衣類の購入価格（CFR 価格）に含まれているものとして取り扱う。

課税価格 ＝ ① ＋ ② ＋ ③ ＋ ④ ＋ ⑤ ＝ 1,076,500 円

問題 139　次の取引内容に係る輸入貨物の課税価格を計算しなさい。

1　輸入者M（買手）は、A国の輸出者X（売手）から継続して衣類を購入し、輸入している。今回、Mは、Xから衣類3,000着を購入し、輸入する。

2　今回、MがXと締結した衣類に係る売買契約には、次の事項が規定されている。

イ　単価（CIF価格）…1,200円／着

ロ　購入（契約）数量…3,000着

ハ　Mは当該衣類の値札を無償でXに提供し、XはA国において当該値札を当該衣類に取り付ける旨

ニ　当該衣類は、A国のXの工場で生産された後にA国の第三者の倉庫で保管され、その保管に要する費用をMが負担する旨

ホ　XからMへの当該衣類の引渡しは、当該第三者の倉庫における保管後にCIF条件に従って行われる旨

3　Mは、前回Xから輸入した衣類に不良品があったため、Xに対して当該不良品に係る損害額（100,000円）を求償した結果、今回Mが輸入する衣類の売買価格から当該損害額を控除した残額をMがXに支払うことで合意し、MはXに対し、当該残額を支払った。

4　Mは、今回の衣類の輸入に関し、上記残額の支払とは別に、次の費用を負担している。

イ　A国の第三者の倉庫における保管費用…65,000円

ロ　無償提供した値札の取得費用…10,000円

ハ　当該値札を提供するために要した送料…2,000円

ニ　Mが自己のために行う当該衣類の販売促進活動の費用…200,000円

5　MとXとの間には、特殊関係はない。

解答 139　　3,677,000 円

1　現実支払価格
　　（1）売買価格（CIF 価格）　　1,200 円／着 × 3,000 着 ＝ 3,600,000 円…①
　　（2）A 国の第三者の倉庫における保管費用　　65,000 円…②
　　　　　輸入取引条件に従って輸入貨物が引き渡されるまでの間の輸出国（積替え国
　　　　を含む。）における保管費用を買手が負担した場合は、現実支払価格に含まれる。
2　加算要素
　　（1）無償提供した値札の取得費用　　10,000 円…③
　　（2）当該値札を提供するために要した送料　　2,000 円…④
3　設問 3 の 100,000 円は、売買価格を変更するものではないことから、考慮する必要
　はない。また、設問 4 二の販売促進活動の費用は、買手による自己のための活動費用
　であることから、課税価格に算入しない。

　　課税価格 ＝ ① ＋ ② ＋ ③ ＋ ④ ＝ 3,677,000 円

問題 140　　次の取引内容に係る輸入貨物の課税価格を計算しなさい。

1　輸入者M（買手）は、A国の輸出者X（売手）からプラスチック製品を購入する契約を、Xの子会社Y（本邦所在）を介して締結した。

2　当該プラスチック製品の売買契約書には、次の事項が記載されている。

イ　単価（FOB）…250円／個

ロ　売買契約数量…24,000個

ハ　Mは、当該プラスチック製品の販売に関する手数料（購入価格の1.5％に相当する額）をYに支払う旨

ニ　Mは、当該プラスチック製品の生産のために使用される金型を自社生産し、Xに無償提供するとともに、当該プラスチック製品の生産のために使用するプラスチック原料については、200,000円（Mが国内で取得した価格にXへの提供費用を加えたもの）で提供する旨

ホ　Xは、売買契約数量分の当該プラスチック製品を生産した後に、当該金型を廃棄する旨

3　Mは、当該プラスチック製品24,000個のうち、20,000個はB国の販売店に送ることとし、残りの4,000個を本邦に輸入する。

4　Mは、当該プラスチック製品の生産に使用された金型のXへの無償提供及び当該プラスチック製品の輸入に関連して、次に掲げる額の費用を上記の購入価格及び販売に関する手数料とは別に負担している。

イ　当該プラスチック製品の生産に使用された金型の生産費…42,000円

ロ　当該金型をXに提供するために要した運賃及び保険料…6,000円

ハ　当該プラスチック製品20,000個をB国の輸入港まで運送するために要した運賃及び保険料…85,000円

ニ　当該プラスチック製品4,000個を本邦の輸入港まで運送するために要した運賃及び保険料…35,000円

5　MとXの間及びMとYとの間には、特殊関係はない。

解答 140　1,058,000 円

1　現実支払価格

本邦に輸入する 4,000 個のプラスチック製品の価格

4,000 個 × 250 円／個 ＝ 1,000,000 円…①

2　加算要素

（1）販売手数料

4,000 個 × 250 円／個 × 1.5% ＝ 15,000 円…②

（2）輸入数量に対応する金型の生産費及び当該金型を提供するために要した費用

（42,000 円＋ 6,000 円）÷ 24,000 個 × 4,000 個 ＝ 8,000 円…③

（3）本邦の輸入港までの運賃及び保険料

35,000 円…④

3　B国に運送した 20,000 個のプラスチック製品の価格及び運賃等は、本問題の輸入取引に関係しない費用である。

4　Mが有償でXに提供したプラスチック原料に係る費用は、値引きされたものではないので、加算要素に該当しない。

課税価格 ＝ ① ＋ ② ＋ ③ ＋ ④ ＝ 1,058,000 円

問題 **141**　次の内容に係る輸入貨物の課税価格を計算しなさい。

1　輸入者M（買手）は、工作機械5台を輸入（購入）する契約を輸出国Aの生産者X（売手）との間で締結した。

2　当該工作機械の契約価格は、DDP価格（Mの工場渡し・関税込み条件）で1台50,000,000円とする。

3　当該契約価格の中には、以下の費用等が含まれていることが明記されている。

イ　A国のXの工場から輸出港までの運送に係る運賃…200,000円

ロ　当該輸出港における船積みの費用…100,000円

ハ　当該輸出港から本邦の輸入港までの運送に係る運賃及び保険料…300,000円

ニ　当該輸入港における船卸費用…15,000円

ホ　輸入（納税）申告等の輸入手続に係る費用…10,000円

ヘ　本邦において当該工作機械に課される関税、消費税等の公課…30,000円

ト　当該輸入港からMの工場までの輸送費…200,000円

チ　Xは、当該工作機械をMの工場に据え付けるために据付用土台を当該工作機械が輸入港に到着するまでにMの工場に完成させる。このための費用は、500,000円である。

4　当該工作機械の代金の決済については、輸入後5年間の延払契約（年率2.5％の金利）が別途締結されており、Mがこの金利を負担する。

5　MとXとの間には、特殊関係はない。

解答 141　　**249,245,000 円**

1　工作機械の購入価格（DDP 価格）

　　50,000,000 円／台 × 5 台 ＝ 250,000,000 円…①

2　購入価格に含まれる費用に、工作機械の輸入港到着後の費用が明記されている場合には、当該費用の額を控除する。

　　これに該当するものは、設問 3 ニ～トの費用である。

　　合計　255,000 円…②

3　設問3チの据付けに係る作業が工作機械の輸入港到着前に行われた場合であっても、その費用の額は課税価格に算入しない。

　　500,000 円…③

4　延払金利は、その額が明らかであるときは、現実支払価格に含まれない。

　課税価格 ＝ ① － ② － ③ ＝ 249,245,000 円

問題 142　次の取引内容に係る輸入貨物の課税価格を計算しなさい。

1　本邦のMは、A国の部品メーカーXとの間で部品10,000個を本邦に到着させることを目的とした売買契約を締結した。その後、Mは本邦のYとの間で当該部品を本邦に到着させることを目的とした売買契約を締結し、当該部品は、Mの指示により、XからYへ向けて輸出され、Yにより本邦に輸入された。

2　MとXとの間の売買契約における当該部品の価格（FOB価格）は、1,500,000円である。

3　MとYとの間の売買契約における当該部品の価格（FOB価格）は、2,000,000円である。

4　Mは、Xからの請求に基づき、当該部品の価格とは別に、当該部品の生産に使用された工具に係る費用として60,000円を支払った。

5　Yは、当該部品の価格とは別に、次に掲げる費用を負担した。

　イ　当該部品がA国の輸出港から本邦の輸入港に到着するまでの運送に要する運賃…85,000円

　ロ　A国における当該部品の梱包に係る材料費…20,000円

　ハ　A国における当該部品の梱包作業に係る人件費…35,000円

6　上記の者のいずれの間にも特殊関係はない。

解答 142　2,140,000 円

1　現実支払価格

　輸入貨物に係る取引が複数あるときは、現実に当該輸入貨物を本邦に到着させることとなる取引（売買）が輸入取引となる（本問題では、MとYとの間の売買契約が輸入取引となる）。

　　MとYとの間の売買契約における価格（FOB価格）　　　2,000,000 円…①

2　加算要素

　　（1）本邦の輸入港に到着するまでの運送に要する運賃　　85,000 円…②

　　（2）A国における当該部品の梱包に係る材料費　　　　　20,000 円…③

　　（3）A国における当該部品の梱包作業に係る人件費　　　35,000 円…④

3　MとYとの間の売買契約が輸入取引に該当することから、MがXに支払った工具に係る費用は、課税価格の計算に関係しない情報である。

　　課税価格　＝　①　＋　②　＋　③　＋　④　＝　2,140,000 円

問題143　輸入者Ａは、Ｂ国の生産者Ｘから食料品を50トン輸入している
　　　　が、その課税価格を関税定率法第４条第１項及び第４条の２の規定
　　　　によっては決定できないため、同法第４条の３第２項（製造原価に
　　　　積み上げる方法）の規定により計算することを希望している。
　　　　　この場合において、当該食料品の製造等に関する次の情報に基づ
　　　　いて課税価格を計算しなさい。

　　　1　Ｘが購入した原材料費…800万円
　　　2　Ａが無償でＸに提供した原料費（提供のために要した費用
　　　　を含む。）…300万円
　　　3　Ｘが購入した当該食料品を生産するために必要な技術であっ
　　　　て本邦において開発されたものに要する費用…20万円
　　　4　製造に係る人件費…500万円
　　　5　製造管理費…300万円
　　　6　当該食料品の容器及び包装の費用…150万円
　　　7　Ａの社員が、当該食料品の製造過程で当該食料品が我が国
　　　　の法令に合致しているか否かの検査を行う（当該食料品の製造
　　　　活動には関与しない。）ために要した費用…100万円
　　　8　Ｂ国で製造された当該食料品と同類の貨物の本邦への輸出の
　　　　ための販売に係る通常の利潤及び一般経費…700万円
　　　9　当該食料品を本邦の輸入港まで運送するために要した運賃そ
　　　　の他の運送関連費用…30万円

解答143　28,000,000 円

1　輸入貨物の製造原価に基づき課税価格を計算する場合は、当該製造原価に、当該輸入貨物の生産国で生産された当該輸入貨物と同類の貨物の本邦への輸出のための販売に係る通常の利潤及び一般経費を加算し、更に当該輸入貨物の本邦の輸入港までの運賃及び保険料及びその他の運送関連費用を加算する必要がある。

　　設問 1 〜 6 が製造原価であり、設問 8 及び 9 が加算すべき費用等に該当する（設問3 の技術は本邦で開発されたものであるが、無償提供されたものではなく、生産者が購入したものであるので、製造原価に含まれる。）。

2　設問 7 の費用は、A が自己のために行った検査費用であって、製造原価に加算すべき費用ではない。

　課税価格 ＝ 800 万円 ＋ 300 万円 ＋ 20 万円 ＋ 500 万円 ＋ 300 万円 ＋
　　　　　　150 万円 ＋ 700 万円 ＋ 30 万円 ＝ 2,800 万円

Level
5
本試験レベル

問題 144　次の取引内容に係る輸入貨物の課税価格を計算しなさい。

1　輸入者M（買手）は、カッター・シャツを輸入するため、A国の輸出者X（売手）との間で売買契約を締結した。

2　当該カッター・シャツの売買契約書には、次の事項が記載されている。
　（1）売買単価　　　　　300円／枚
　（2）売買契約数量　　　6,000枚
　（3）引渡し条件　　　　Xの工場渡し条件
　（4）Mは、当該カッター・シャツの生地をXに提供し、Xは、Mに当該生地の代金を支払う旨
　（5）Mは、当該カッター・シャツにプリントされる絵柄を無償でXに提供する旨
　（6）Mは、当該売買契約に定める品質に合致したカッター・シャツを生産するために必要な検査を実施する旨

3　Mは、本邦の卸問屋Yから当該カッター・シャツの生地を700,000円で購入する。また、Mは、購入価格とは別に当該生地をXに提供するための運賃（50,000円）を負担する。

4　Mは、当該生地をXに600,000円で販売し、Xからその代金を受領する。

5　Mは、当該売買契約に基づき、Xから当該カッター・シャツ6,000枚を輸入する。

6　Mは、当該売買契約に従い、当該カッター・シャツの代金をXに支払う。

7　Mは、B国のデザイン会社ZがB国で作成した絵柄を200,000円で購入し、インターネットでXに送信する。

8　Mは、自社の社員をA国に派遣する。当該社員は、Xによる当該カッター・シャツの生産に係る作業には従事することなく、生産の工程を視察し、当該視察の結果をMに報告する。Mは、当該社員の渡航費及び滞在費として130,000円を負担する。

9　Mは、A国のXの工場から本邦の輸入港までの運送に係る運賃、保険料その他運送関連費用（110,000円）を負担する。

10　上記の者のいずれの間にも特殊関係はない。

解答 144　　2,260,000 円

　輸入貨物の課税価格は、買手の売手に対する支払の総額（現実支払価格）に、それに含まれていない限度で加算要素に係る費用等の額を加えた価格に基づいて計算される。

　なお、生地等の材料を有償提供した場合に、その売買価格が実際の取得価格及び提供費用を下回っている場合には、その差額は、加算要素として課税価格に算入することとなる。

　また、本邦以外の国で作成された絵柄（デザイン）を無償で又は値引きをして提供した場合には、その作成費用は加算要素に該当する。

1　現実支払価格
　　カッター・シャツの購入価格
　　6,000 枚 × 300 円／枚 ＝ 1,800,000 円…①
2　加算要素
　　イ　生地の値引き提供額
　　　　750,000 円 － 600,000 円 ＝ 150,000 円…②
　　ロ　Ｂ国で作成された絵柄に要する費用　　200,000 円…③
　　ハ　Ｘの工場から本邦の輸入港までの運賃等
　　　　110,000 円…④
3　設問 8 の費用は、社員がカッター・シャツの生産活動に従事していないため、課税価格に算入しない。

　課税価格 ＝ ① ＋ ② ＋ ③ ＋ ④ ＝ 2,260,000 円

Level

5

本試験レベル

問題 **145**　次の内容に係る輸入貨物の課税価格を計算しなさい。

1　輸入者M（買手）は、自己と特殊関係のあるブラジルの輸出
者X（売手）からコーヒー豆を輸入するため、以下の売買契約
を締結した。

2　当該コーヒー豆の売買契約書には、次の事項が記載されてお
り、当該事項は仕入書に反映されている。

（1）コーヒー豆の売買単価　　180米セント／ポンド（FOB
価格）

（2）売買数量　　5,000ポンド

（3）貨物代金の支払は、売買契約当日から2ヵ月先の円建て
レートで計算した円貨によるものとする。

（当該2ヵ月先の米ドルの円先物レートは142円／米ド
ルである。）

3　当該コーヒー豆の価格は、国際商品相場で決まるものであ
り、上記2（1）の売買価格は、これに基づいて決められてい
る。

4　Mは、当該売買契約書の価格とは別に、以下の費用を支払
う。

（1）輸入港までの運賃及び保険料…150,000円

（2）輸入港での貨物の仕分け作業のための費用…100,000円

5　当該コーヒー豆が本邦で輸入申告された日に適用される税関
長により公示された米ドルの円換算レートは、145円／米ドル
である。

解答 145　　1,428,000 円

1　現実支払価格

1.8 米ドル／ポンド × 5,000 ポンド × 142 円 ＝ 1,278,000 円…①

イ　ＭとＸとの間の契約は、特殊関係者間の取引であるが、コーヒー豆の売買単価がコーヒー豆の国際商品相場に基づいて決められていることから、当該特殊関係によって取引価格が影響を受けているとは認められないため、仕入書価格を課税価格の基礎として採用することができる。

ロ　課税価格を計算する場合における外国通貨の円貨への換算は、関税定率法第４条の７の規定に基づいて財務省令で「輸入申告の日の属する週の前々週における実勢外国為替相場の当該週の平均値による」とされているが、その例外的な扱いとして、輸入取引の当事者間で、当該輸入取引に係る仕入書等に表示されている価格を、当該当事者間で合意された外国為替相場により、その表示において用いられている通貨とは異なる通貨に換算し、当該異なる通貨により支払うことが取り決められている場合で、当該異なる通貨により現実に支払われるときは、当該異なる通貨による価格に基づいて課税価格を計算する（定率通達４の７－２）。

このため、本問題の取引については、設問５の換算レートではなく、合意された先物レートで計算された円貨が課税価格の基礎となる。

2　加算要素

輸入港までの運賃及び保険料　　　150,000 円…②

3　設問４（２）の費用は、コーヒー豆の輸入港到着後の費用であることから、課税価格に算入しない。

課税価格 ＝ ① ＋ ② ＝ 1,428,000 円

通関士試験補習シリーズ

計算問題ドリル 2024

2024年5月21日発行　ISBN 978-4-88895-517-1

発 行 所　　**公益財団法人 日本関税協会**

〒101-0062
東京都千代田区神田駿河台3-4-2 日専連朝日生命ビル6F
https://www.kanzei.or.jp/